W0178014

Adam J. Silverstein

Islamische Geschichte

Aus dem Englischen übersetzt
von Christian Rochow

Philipp Reclam jun. Stuttgart

Titel der englischen Originalausgabe:

Adam J. Silverstein: Islamic History. A Very Short Introduction
Oxford / New York: Oxford University Press, 2010

in memoriam
Michael Fox (1934–2009)

Satz und Druck: Reclam, Ditzingen
Buchbinderische Verarbeitung: Kösel, Krugzell
Printed in Germany 2012
RECLAM ist eine eingetragene Marke
der Philipp Reclam jun. GmbH & Co. KG, Stuttgart
ISBN 978-3-15-010815-4

www.reclam.de

Silverstein · Islamische Geschichte

Inhalt

Vorwort

In den letzten Jahren ist den Nichtmuslimen in der westlichen Welt zunehmend deutlich geworden, dass der Islam eine wichtige Rolle spielt. Die Frage, ob dies positiv oder negativ zu bewerten ist, nimmt einen wesentlichen Platz in den öffentlichen Debatten und in den Medien ein. Nach einigen Aussagen aus jüngerer Zeit zu schließen, ist Prinz Charles wohl eher ein Fan, Papst Benedikt XVI. eher weniger. Die wachsende Sichtbarkeit von Muslimen in Zeitungsschlagzeilen und auf den Straßen europäischer und nordamerikanischer Städte wirft wichtige Fragen hinsichtlich Integration, Multikulturalismus oder interreligiöser Verständigung auf – nicht zuletzt auch hinsichtlich des Selbstverständnisses von »Europäern«, »Briten«, »Amerikanern« oder »des Westens« insgesamt. Haben Kopftücher und Gesichtsschleier einen Platz in der westlichen Gesellschaft oder verhindern sie – wie ein britischer Außenminister und die französische Regierung behaupteten – eine Verständigung und sind eine Bedrohung für unsere »wesentlichen Werte« und die Sicherheit?

Welche Meinung man auch vertritt, vielen scheint gewiss, dass es einen Konflikt zwischen »dem Islam« und der jüdisch-christlichen Kultur gebe, auf der die westliche Zivilisation angeblich beruhe. Warum aber sollte das zutreffen? Schließlich ist der Islam eine Form des Monotheismus, die inmitten vorwiegend jüdisch und christlich geprägter Gemeinschaften im Nahen Osten entstand. Als die ersten Muslime über Arabien hinauskamen, hielten manche Christen jener Zeit sie für Juden und manche Juden sie für Christen. Wie also sollen wir die gewaltige kulturelle Kluft erklären, die anscheinend jüdisch-christliche, westliche Gesellschaften von muslimischen trennt?

Zur Beantwortung dieser Frage müssen wir uns der islamischen Geschichte zuwenden. Die Rolle, die die islamische Geschichte in modernen muslimischen Gesellschaften spielt, ist sehr wichtig, wird aber häufig übersehen, weil es dafür kein Gegenstück im modernen Westen gibt. Aus diesem Grund kann eine Kenntnis des Aufstiegs und der weiteren Entwicklung des Islam uns helfen, moderne muslimische Gesellschaften zu verstehen und ihr Verhältnis und ihre Beziehungen zu den westlichen zu begreifen.

Einleitung

Dieses Buch behandelt die Fakten, die Erforschung und die Bedeutung der islamischen Geschichte. Die folgenden Kapitel werden versuchen, drei Fragen zu diesem Thema zu beantworten: Was geschah (Kapitel 1–3), woher wissen wir das (Kapitel 4–5) und warum ist das von Bedeutung? (Kapitel 6–7). Zunächst allerdings müssen wir eine noch umfassendere Frage stellen: Was ist islamische Geschichte? Ist es die Geschichte jener Länder und Orte, in denen Muslime die Macht ausüben? Oder handelt es sich um die Geschichte der Muslime, wo auch immer sie lebten oder leben? Vielleicht geht es auch um die Geschichte, insofern sie für Muslime von Belang ist: Würden wir vormoderne Muslime auffordern, die Grenzen der islamischen Geschichte zu definieren, dürfte sie die Andeutung, dass jene überhaupt zeitliche oder räumliche Grenzen hätte, in Verwirrung stürzen. Denn nach islamischer Tradition waren Adam, Noah, Abraham, Moses, Alexander der Große und Jesus allesamt Muslime und gelten als Propheten (ja, auch Alexander der Große).

Muslimische Historiker wie at-Tabari (gest. 923), deren Interesse ein ausschließlich religiöses war, beginnen ihre Geschichtswerke mit der Erschaffung der Welt durch Gott, die nach ihrer Berechnung rund 6500 Jahre vor der Geburt Mohammeds stattfand. Ein weiterer »islamischer« Ansatz nimmt Mohammeds Auszug (Hidschra) von Mekka nach Medina im Jahr 622 als Ausgangspunkt. Das ist, wie noch gezeigt wird, der Ausgangspunkt des muslimischen Kalenders, doch dürfte sich nicht behaupten lassen, dass die Jahre zwischen 610 und 622, in denen Mohammed seine Offenbarungen empfing (und der neue Glaube erste Konvertiten machte), nicht doch irgendwie zur islamischen Geschichte dazugehörten. Nach der Berechnung, die im Folgenden gewählt wird, begann die islamische Geschichte im 7. Jahrhundert. Dabei sollte aber gleich klargestellt sein, dass

Alexander der Große besucht die Kaaba in Mekka

hier – wie bei den meisten Fragen, die das Buch aufwirft – immer gilt: Die Antwort hängt davon ab, wen man fragt. Vom 7. Jahrhundert an ist die als »islamisch« zu verstehende Geschichte jene, in der der Islam als eine politisch, religiös oder kulturell dominante Kraft auftritt.

Die islamische Geschichte ist das Produkt von Menschen und deren Handlungen. Aber die Menschen der vormodernen Welt waren das Produkt ihrer Umwelt. Sie konnten den natürlichen Hintergrund, vor dem sich die Ereignisse der islamischen Geschichte entfalteten, genauso wenig ignorieren, wie wir das können.

Geographie

Der Islam ist heute überall verbreitet. Bis in die frühe Neuzeit hatte er aber einen bestimmten, geographisch begrenzten Raum – er beschränkte sich hauptsächlich auf die Länder zwischen dem Atlantik im Westen und dem inneren Asien im Osten. Man bezeichnet diese Region zuweilen als die »Große Trockenzone«. Hier sorgen die aus dem Norden und Osten einströmende kalte (sibirische) Luft und die aus dem Süden und Westen wehenden heißen Winde der Sahara für ein trockenes, menschenfeindliches Binnenland. Große Teile der arabischen Halbinsel, Syriens, Irans und weiterer Länder sind Wüste, und insgesamt ist das Klima der »Großen Trockenzone« arid oder semiarid.

Für die Probleme, die ein trockenes Klima stellt, gibt es zwei grundsätzliche Lösungsstrategien: die Erschließung von Wasserressourcen, durch die man weniger auf Regenfälle angewiesen ist, oder die Entwicklung einer Lebensweise, die die Abhängigkeit von Wasser vermindert. Beide Strategien wurden in der islamischen Geschichte angewendet. Man ergänzte den unzureichenden Regen in der Region durch Bewässerungssysteme – natürliche wie den Nil mit seinen alljährlichen Überflutungen sowie künstliche in Form von Bewässerungskanälen, Staubecken

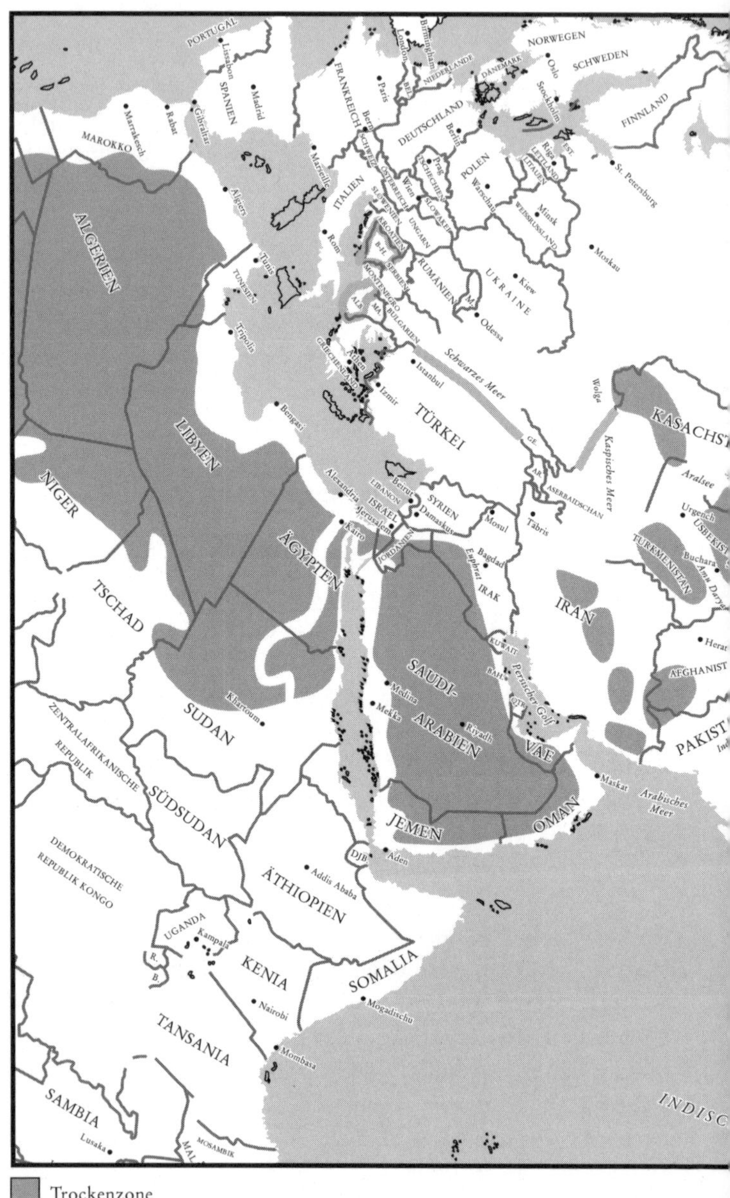

Karte der islamischen Welt

RUSSLAND
Lena
Jenissei
Ochotskisches Meer
Amur
Irtysch
Karakorum
MONGOLEI
Japanisches Meer
NORD KOREA
Kaesong
SÜD KOREA
JAPAN
STAN
Kaxgar
Beijing
Huang He
Gelbes Meer
Kaifeng
Luoyang
Ostchinesisches Meer
CHINA
Lhasa
Chang Jiang
Nördlicher Wendekreis
Delhi
NEPAL
BHU.
TAIWAN
Ganges
Canton
BANGLADESCH
BURMA (MYANMAR)
Hanoi
IEN
LAOS
VIETNAM
PHILIPPINEN
Golf von Bengalen
THAILAND
KAMBODSCHA
SRI LANKA
MALAYSIA
INDONESIEN

und unterirdischen Freispiegelkanälen (Qanat), die das Wasser des Euphrat, des Tigris und der Flüsse Irans schon seit der Antike in fruchtbare Gebiete leiteten. Diese Systeme bringen aber eigene Probleme mit sich, weil ihre Unterhaltung aufwendig ist und sie leicht unterbrochen werden können.

Für die zweite Strategie im Umgang mit der Trockenheit in der Region, die man sich in Gegenden ohne Flussläufe, beispielsweise in Arabien, zunutze machte, steht das verlässliche Kamel, dessen Bedeutung für die arabische Gesellschaft des 6. Jahrhunderts, für die Ausbreitung des Islam im 7. Jahrhundert und für die Gestalt der muslimischen Ortschaften und Städte vom 8. bis zum 11. Jahrhundert unverkennbar ist. Der große Vorteil, den diese Tiere bieten, besteht in ihrer Fähigkeit, über längere Zeit ohne Nahrung und Wasser auszukommen; damit sind sie ohne größere Aufwendungen leicht zu unterhalten. Wegen ihrer empfindlichen Beine kommen sie allerdings mit Kälte und unebenem Gelände nicht zurecht. Mohammed mag vielleicht auch in die Berge gezogen sein, aber seine unmittelbaren Nachfolger taten das nicht, jedenfalls nicht sofort. Während der gesamten islamischen Geschichte dienten Gebirgsregionen – entweder durch Zufall oder bewusste Entscheidung – als Rückzugsorte für jene, die dem Druck zur Konversion, zur Anpassung oder allgemeiner zur Kooperation widerstehen wollten. Wegen ihrer schweren Zugänglichkeit halfen die Berge den Ansässigen und neu hinzugekommenen Flüchtlingen, ihre religiösen (Christen in Nordspanien, Anatolien, Armenien, im Libanon und im äthiopischen Hochland sowie Zoroastrier und andere Dualisten im nördlichen Iran) und kulturellen Traditionen (Perser in Iran, Berber in Nordafrika, Kurden im Nordirak) zu bewahren, wie sie auch generell allen dienten, die sich dem Zugriff der Zentralgewalt entziehen wollten (Ismailiten in Syrien und im Nordirak, Zaiditen im Jemen, Taliban in Afghanistan). Es hat seine Gründe, dass marokkanische Behörden die Gebirgsregionen ihres Landes als *siba*, »[die Länder der] Rebellion«, bezeichneten. Die sowjetischen und später die amerikanischen Truppen erfuhren vor Ort, was es mit den Gebirgsregionen Afghanistans auf sich hat, die örtlichen Muslime wussten das immer schon.

Nicht alle Kamele lassen sich von Bergregionen abschrecken: Die zweihöckrigen baktrischen Kamele oder Trampeltiere sind ausdauernder und zäher als die einhöckrigen arabischen Dromedare. Als ab dem 11. Jahrhundert große Scharen türkischer Nomaden aus Innerasien in den Vorderen Orient zogen, legten die Berge (und das vergleichsweise kalte Klima) im nördlichen Iran und in Anatolien ihrem Vordringen kaum Hindernisse in den Weg, weshalb Kleinasien heute das Kerngebiet der Türkei ist. Der Islam entstand jedoch unter den Arabern des 7. Jahrhunderts und breitete sich zunächst mit den Arabern und ihren Dromedaren aus. Dass die meisten der ariden und semiariden Zonen der Alten Welt schnell von den Arabern mit ihrer neuen Religion erobert wurden, kann nicht überraschen; und genauso wenig auch die Tatsache, dass die Grenzen ihres Vordringens zumindest teilweise vom Klima bestimmt wurden: Das feuchte Klima Europas erwies sich als eine genauso wirksame Barriere gegen das Vordringen des Islam wie örtliche Heere.

Doch warum blieben die Araber nicht in Arabien? Schließlich hatten sie dort lange verweilt, und die vorislamische arabische Dichtung kündet von einer Gesellschaft, die von den sesshaften Nachbarzivilisationen wusste, aber kein Verlangen trug, sich ihnen anzuschließen: Die Araber priesen eine rauhe Männlichkeit; Seidenroben und Siegelringe galten als Ausdruck von Verweichlichung. Niemand hätte im Jahr 600 voraussagen können, dass innerhalb von noch nicht einmal hundert Jahren die ungehobelten, Eidechsen essenden Araber (so nannten sie Jahrhunderte später nichtarabische Muslime) aus Palästen in Damaskus und später in Bagdad ein gewaltiges Reich beherrschen würden. Heute leben weltweit mehr als eine Milliarde Muslime, aber im Jahr 600 gab es noch keinen einzigen – was in diesen 1400 Jahren geschah, ist der Gegenstand des folgenden Kapitels.

Kapitel 1

Die Geschichte

600–800

Nach muslimischer Tradition und auch nach der Ansicht der meisten modernen Historiker war Arabien der Ausgangspunkt des Islam. Für Muslime begann der Islam nicht mit Mohammed, sondern mit Abraham, der – zusammen mit seinem Sohn Ismael, dem Stammvater der Araber – die Kaaba in Mekka errichtete, zu der bis zum heutigen Tag Millionen Muslime pilgern. Die modernen Historiker beginnen die Geschichte des Islam hingegen mit Mohammeds Wirken in Mekka, und auch wir beginnen damit.

Die arabische Halbinsel ist groß und dementsprechend ethnisch, topographisch und kulturell vielgestaltig. Am Vorabend der Entstehung des Islam war sie das auch in religiöser Hinsicht. Von besonderem Interesse ist dabei für uns die als Hedschas bezeichnete westliche Region, in der die beiden Städte Mekka und Medina liegen. Mohammed wurde um 570 in Mekka geboren und gehörte dem führenden Stamm in der Stadt an, den Quraisch, jedoch einer weniger angesehenen Sippe des Stammes. Er verlor schon früh seine Eltern. Ab 610, also im Alter von vierzig Jahren, empfing er Offenbarungen, die zu den Versen des Koran zusammengestellt werden sollten, und teilte diese Offenbarungen seinen Freunden, seiner Familie und schließlich auch anderen Einwohnern Mekkas mit. Seine monotheistische Botschaft stand im Widerspruch zur polytheistischen Kultur der Stadt, so dass er im Jahr 622 mit seinen Anhängern zur Flucht gezwungen wurde. Er ließ sich daraufhin in Medina nieder, einer Oase, in der unter anderem eine große Zahl von Juden lebte, und wo seine Botschaft von Gott, von Propheten der Vergangenheit, vom Jüngsten Gericht, vom Fasten und von Wohltätigkeit

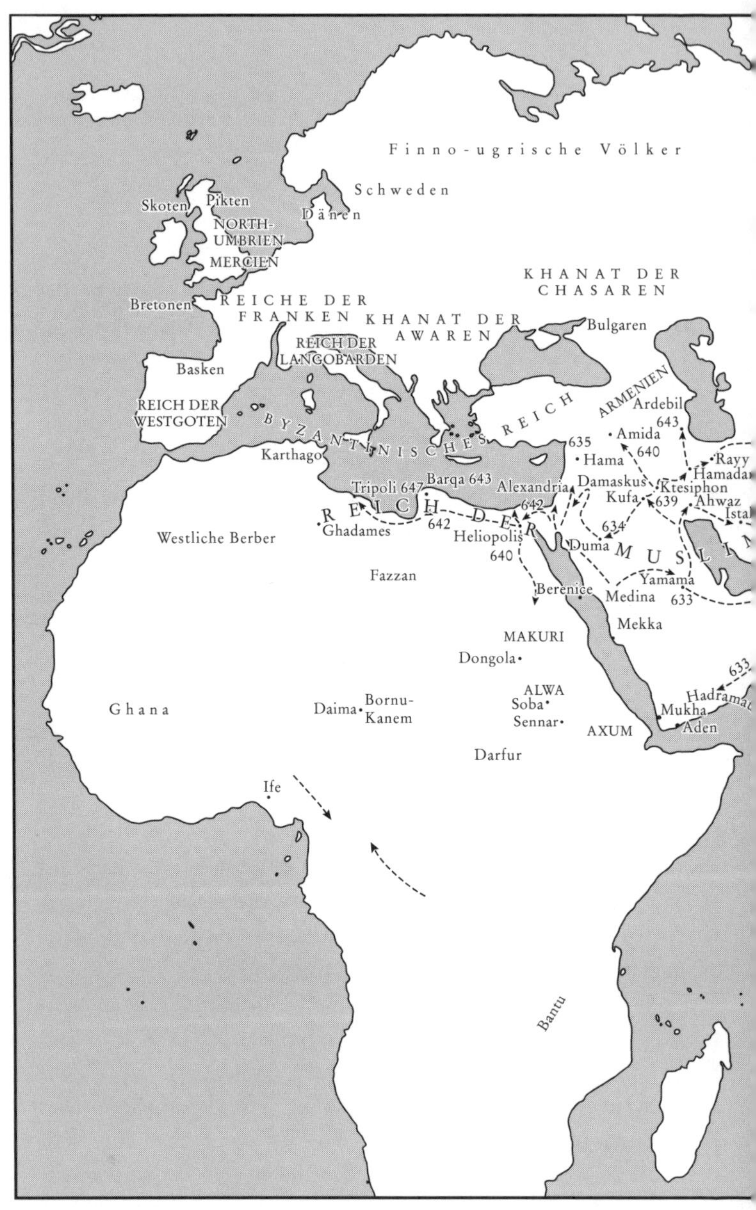

Die frühen islamischen Eroberungen

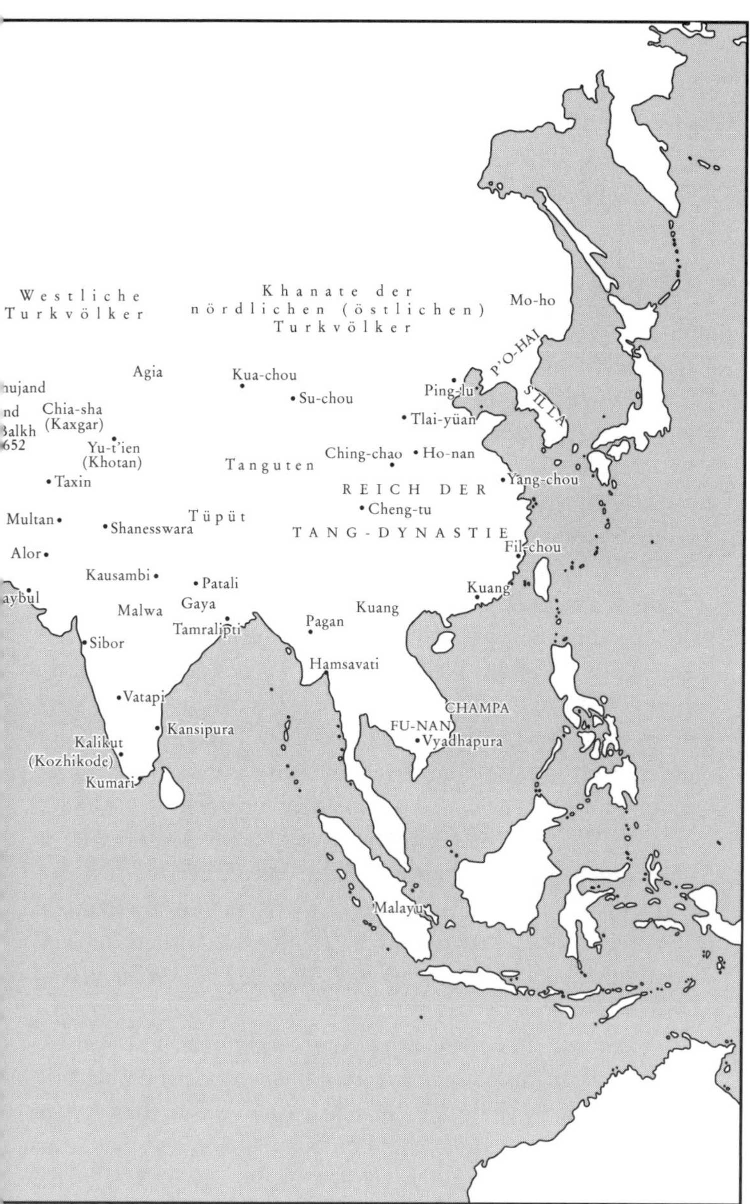

Westliche
Turkvölker
Khanate der
nördlichen (östlichen)
Turkvölker
Mo-ho
P'O-HAI
SILLA
Agia
Kua-chou
Su-chou
Ping-lu
Tlai-yüan
Chia-sha
(Kaxgar)
Yu-t'ien
(Khotan)
Tanguten
Ching-chao
Ho-nan
Taxin
REICH DER
TANG-DYNASTIE
Yang-chou
Cheng-tu
Multan
Shanesswara
Tüpüt
Alor
Fil-chou
Kausambi
Patali
Kuang
Malwa
Gaya
Kuang
Tamralipti
Pagan
Sibor
Hamsavati
Vatapi
CHAMPA
FU-NAN
Kansipura
Vyadhapura
Kalikut
(Kozhikode)
Kumari
Malayu

vertraut war und nicht als Bedrohung empfunden wurde. Die Stadt nahm ihn freundlich auf und setzte ihn als Schiedsrichter ein, um einige Streitfälle in der Bürgerschaft zu schlichten. Der Auszug (Hidschra) ist der Beginn von Mohammeds Wirken als Staatsmann und die Epoche des muslimischen Kalenders.

Von seiner Basis in Medina aus machte sich Mohammed daran, aus den Gefährten, die mit ihm aus Mekka gekommen waren, und seinen Anhängern in Medina eine neue Gemeinschaft (Umma) zu bilden. In den nächsten zehn Jahren empfing er weitere Offenbarungen, die häufig direkten Bezug auf die Bedürfnisse und Lebensumstände der Umma hatten und in denen sich deren wachsende Macht und Zuversicht ausspricht. Mohammeds Auseinandersetzungen mit den Heiden in Mekka und den Juden in Medina bestimmen die Berichte über seine Zeit in Medina: Als sich die Beziehungen zu den Juden verschlechterten, wurden ihre Stämme nach und nach aus der Stadt vertrieben und in einem Fall sogar physisch vernichtet. Die Mekkaner wurden 630 besiegt; in den folgenden beiden Jahren gelang es Mohammed, die Stämme Arabiens unter dem Banner der Umma zu einigen. Seine Erfolge wurden weithin als ein Zeichen der Begünstigung durch Gott angesehen und ermunterten die Stämme, mit dem Propheten zusammenzuarbeiten und den Islam anzunehmen. Abgesehen vom Wirken der göttlichen Gnade wird Mohammed in frühen Quellen aber als ein normaler, sterblicher Mensch dargestellt, der nicht unfehlbar war (Gott weist ihn im Koran mehrfach zurecht; die spätere islamische Tradition hat ihm dann allerdings Unfehlbarkeit zugeschrieben) und 632 wie jeder andere Mensch starb.

Mohammeds Tod löste zwei Kettenreaktionen mit weitreichenden Folgen aus, deren erste zum Entstehen islamischer Sekten und deren zweite zum Entstehen eines islamischen Reichs führte. In der ersten Kettenreaktion betrachteten manche Gruppen den Tod des Propheten als den Beginn einer Ära, in der zweiten manche andere Gruppen ihn als das Ende einer solchen.

Der Beginn einer Ära war es für die Muslime, die sich der Herrschaft des Kalifen, des »Nachfolgers«, unterwarfen, der die Leitung der Umma kurz nach Mohammeds Tod übernommen hatte. Die Herrschaft des ersten Kalifen Abu Bakr (reg. 632–634) war weitgehend von der Auseinandersetzung mit der zweiten Kettenreaktion bestimmt.

Denn für die Stämme, die ihre Konversion zum Islam unlösbar mit Mohammed persönlich verknüpft sahen, bedeutete sein Tod das Ende einer Ära. Damit, so argumentierten sie, sei ihr Vertrag mit ihm null und nichtig geworden. Einige Stämme hielten zwar an ihrer neuen religiösen Identität fest (was insoweit gut war), leisteten aber der Umma (und das war schlecht) keine Steuern und keine Unterstützung mehr. Andere Stämme kehrten sogar zu ihren vorislamischen Religionen zurück – der Wechsel religiöser Bindungen war im heidnischen Arabien eine verbreitete Erscheinung. Alle diese Gruppen wurden als politische und religiöse Apostaten betrachtet, deren Rückführung in die Gemeinschaft von entscheidender Bedeutung war. Die daraus folgenden Apostasie-(Ridda-)Kriege erreichten nicht nur das angestrebte Ziel, sondern schufen auch den Impuls und die Notwendigkeit von Eroberungen, die über die arabische Halbinsel hinausgingen. Viele Araber lebten als Hirten-Nomaden, und wie viele andere Hirten-Nomaden waren sie für ihren Lebensunterhalt in einem bestimmten Ausmaß darauf angewiesen, andere zu überfallen. Die Einigung der zahlreichen Stämme Arabiens unter einem neuen religiösen Banner schuf bei ihnen das neue Gefühl eines sozialen Zusammenhalts, gab der nomadischen Notwendigkeit des Plünderns einen spirituellen Zweck (der mit dem Dschihad verbunden wurde, auf den wir in Kapitel 3 zurückkommen) und schloss zugleich Opfer unter den Arabern aus: Weil Muslime sich nicht gegenseitig plündern durften, gab es nun Raubzüge zu den Nachbarn in Syrien, Ägypten, Nordafrika, im Irak und im Iran.

Diese Kriegszüge waren jedoch anders. Zum ersten Mal wurden die sesshaften Völker des Nahen Ostens nicht einfach nur geplündert, sondern die Nomaden brachten etwas Eigenes mit: eine neue religiöse Botschaft. Von der wollten zwar weder die byzantinischen Kaiser im Westen noch die sassanidischen Großkönige im Osten (denen nach der Überlieferung noch zu Lebzeiten des Propheten Schreiben gesandt wurden, in denen sie zur Bekehrung aufgerufen wurden) etwas wissen, aber deren Untertanen erwiesen sich als aufgeschlossener – zwar nicht immer gegenüber der Religion, zumindest aber gegenüber einer muslimischen Hegemonie.

Dass die Eroberung des Nahen Ostens den Zeitgenossen genauso eindrucksvoll erschien wie uns heute, wird durch die Tatsache belegt, dass sowohl die Eroberer wie die Eroberten der Überzeugung waren, Gott habe die Ereignisse gelenkt. Die Muslime interpretierten ihren Erfolg als Belohnung Gottes für die Befolgung seines Willens, die Christen hingegen waren überzeugt, dass ihre Niederlagen eine Strafe Gottes für ihre Sünden waren, während manche Juden den Islam als Teil von Gottes Plan ansahen, den Monotheismus zu den fernen Heiden des Hedschas zu bringen, oder auch als Erfüllung messianischer Erwartungen. (Wie die iranischen Zoroastrier den Aufstieg des Islam deuteten, ist nicht genau bekannt, aber sie dürften darüber nicht glücklich gewesen sein, da sie die Förderung und Unterstützung verloren, die sie zuvor im Sassanidischen Reich genossen hatten.)

Die modernen Historiker suchen nach anderen Erklärungen und haben sich im wesentlichen auf drei Theorien geeinigt. Zunächst einmal waren die beiden Großreiche schwach, weil sie sich in den letzten Jahrhunderten in einen kostspieligen, erschöpfenden und unentschiedenen Kampf verbissen hatten. Zum zweiten waren sehr viele Menschen im Nahen Osten bereit, ihre Herrscher gegen wohlwollendere zu tauschen, weil sich seit vielen Jahrhunderten Groll über unpopuläre religions- und wirtschaftspolitische Entscheidungen angehäuft hatte. Eine Rolle dürfte auch gespielt haben, dass die ersten Länder, die von den arabischen Muslimen erobert wurden (das byzantinische Syrien und Palästina sowie der sassanidische Irak), von semitischen Monotheisten bewohnt waren (nämlich aramäischsprachigen Christen und Juden). Und drittens waren die Araber den byzantinischen und sassanidischen Armeen gegenüber im Vorteil: Sie stützten sich auf ihren religiösen Eifer, das Überraschungsmoment und ihre Vertrautheit mit der Taktik der Byzantiner und Sassaniden (denn einige Araber hatten früher in den Armeen der beiden Reiche mitgefochten); überdies konnten sie sich auf ihren Reittieren jederzeit in die Wüste zurückziehen.

Und damit sind wir wieder bei den Kamelen. Gleichgültig, wie wir die Erfolge der Araber erklären, sie erreichten in der Mitte des 7. Jahrhunderts den Nahen Osten und Nordafrika und blieben dort. Sie errichteten Garnisonsstädte in Nordafrika, Ägypten, dem Irak und dem östlichen Iran (wobei sie sich Arabern anschlossen, die sich schon in vorislamischer Zeit dort angesiedelt hatten). Am Ende des 8. Jahrhunderts waren diese Garnisonen zu richtigen Städten geworden, und die Araber hatten sich auch in die bestehenden Ortschaften und Städte des Nahen Ostens gewagt. Überall hinterließen sie bleibende Spuren in der Landschaft: Dank der Verbreitung der Kamelzucht in den eroberten Gebieten beschleunigte sich die Verdrängung der ineffizienten und wartungsintensiven Frachtkarren, für die man gepflasterte Straßen benötigte, durch die robusten und wirtschaftlicheren Tiere. In den eroberten Provinzen des Byzantinischen Reichs wichen die geraden, breiten römischen Straßen den gewundenen und engen Gassen, die man heute noch in den alten Vierteln der Städte des Nahen Ostens findet, deren Anlage von dem Fehlen eines ausgewiesenen öffentlichen Bereichs in den frühislamischen Städten sowie von der Allgegenwart des Kamels, dieser einzigartigen arabischen ›Technologie‹, bestimmt war. Die neuen Garnisonsstädte wurden zu bedeutenden wirtschaftlichen Zentren, die Nichtmuslime aus den umliegenden

Siedlungen anzogen und so die Geographie des Nahen Ostens umgestalteten.

Die wichtigste Folge der frühen Eroberungen war jedoch die Ausbreitung der arabischen Sprache und des Islam. Die Schlüsselsiege über die beiden Großreiche ereigneten sich unter der Herrschaft Umars, des zweiten Kalifen (reg. 634–644), und unter der Herrschaft der umayyadischen Kalifen (661–750) verbreiteten sich die arabische Kultur und die muslimische Herrschaft in unterschiedlichem Ausmaß über das gesamte Gebiet zwischen der iberischen Halbinsel im Westen bis in den Punjab im Osten. Damit waren auf viele Jahrhunderte die Grenzen der islamischen Welt abgesteckt.

Nach Ansicht mancher Muslime des 7. Jahrhunderts und fast aller in späteren Zeiten hätten die Umayyaden aber nie Kalifen werden dürfen. Ihre vier Vorgänger – Abu Bakr, Umar, Uthman (reg. 644–656) und Ali (reg. 656–661) – waren alle mit Mohammed blutsverwandt oder verschwägert (oder – im Falle Alis – beides). Die Herrschaft dieser vier Kalifen, die von den Sunniten in späteren Zeiten als die »rechtgeleiteten« (raschidun) bezeichnet wurden, galt als ein Goldenes Zeitalter, in dem die Umma nach »islamischen« Prinzipien regiert wurde. (Die Schiiten meinen hingegen, Ali hätte die unmittelbare Nachfolge Mohammeds gebührt.) Die Umayyaden jedoch waren nicht direkt mit dem Propheten verwandt, ja sollen ihm zunächst offenen Widerstand gezeigt und sich erst spät und dem Zwang folgend zu Mohammed bekannt haben. Uthman entstammte zwar der Sippe der Umayyaden, hatte sich aber früh dem Propheten zugewandt und war sein Schwiegersohn geworden. Überdies wurde ihm, neben anderen guten Taten, der (seinerzeit nicht unumstrittene) Auftrag zugeschrieben, eine verbindliche Fassung des Korans herzustellen. Die Dinge wandten sich zum Schlechten, als Uthman ermordet wurde und zwei Prätendenten das Kalifat beanspruchten: Ali (dessen Anhänger seine Kandidatur schon seit 632 unterstützt hatten) und Muawiya, ein umayyadischer Verwandter

Uthmans, der das Recht auf Blutrache an den Mördern Uthmans forderte. Ali wurde 656 zum Kalifen ernannt und mühte sich, seinen Einfluss auszuweiten, doch 657 nahm er Verhandlungen mit Muawiya auf. Viele Anhänger Alis lehnten das entschieden ab, weil, so erklärten sie, »Gott allein das Urteil (über die Herrschaft) gebühre«. Deshalb wandten sich diese sogenannten »Fortgeher« (Charidschiten) von Ali ab. Ihre entschiedenen Ansichten über das Recht zur Herrschaft trieben sie dazu, Muslime anderer Meinung als Ungläubige anzusehen, die den Tod verdient hätten. Als prominentestes Opfer fiel Ali selber 661 einem Anschlag zum Opfer, aber noch über das kommende Jahrhundert hinaus leisteten die Charidschiten den Kalifen Widerstand.

Mit dem Tod Alis endete das Zeitalter der rechtgeleiteten Kalifen. Die blutige Auseinandersetzung, die mit dem Amtsantritt Muawiyas endete, wurde als der erste Bürgerkrieg (*fitna*, »Streit«) in der islamischen Geschichte bekannt und markierte das Ende einer als einig wahrgenommenen Umma. So traten die Umayyaden ihre Herrschaft unter schlechten Vorzeichen an, und die Lage – laut Quellen, die ihnen feindlich gesinnt waren – verschlechterte sich weiter. Muawiya verlegte die Hauptstadt nach Damaskus und bestimmte seinen Sohn Yazid (reg. 680–683) zu seinem Nachfolger, womit er das Prinzip der familiären Erbfolge einführte. Dafür wurden die Umayyaden kritisiert – von Personen allerdings, die ihrerseits später Dynastien begründeten. Der neue Kalif kam deshalb gleich zu Beginn in Schwierigkeiten. Dass Alis Sohn Husain 680 im Irak in der Schlacht bei Kerbela fiel, zementierte den Hass der Schiiten, und überdies trat im Hedschas ein Gegenkalif auf. Weder Yazid noch seinem Sohn Muawiya II. (reg. 683) war eine lange Herrschaft beschieden. Die zweite *fitna* (680–692) tobte, und erst unter dem Kalifen Abd al-Malik (reg. 685–705) konnten die Umayyaden ihre Herrschaft wieder festigen. Das Jahr 692, in dem die Gegner endgültig unterworfen waren, wurde zum »Jahr der Einheit«. Danach wurden Verwaltungsmaßnahmen getroffen, um die Kontrolle des

Kalifen über seine Untertanen zu verstärken und künftige Widerstände zu verhindern.

Abd al-Malik und seine Nachfolger gelten in unseren Quellen zwar nicht als fromme Kalifen, sondern als unfromme »Könige«, doch gesteht man ihnen widerwillig zu, bleibende Beiträge zur islamischen Zivilisation geleistet zu haben. Sie führten in ihren Ländern das Arabische als offizielle Sprache der Verwaltung ein und weiteten den muslimischen Herrschaftsbereich im Westen bis nach Marokko und Spanien und im Osten bis nach Pakistan und Zentralasien aus. Die Kalifen verstärkten ihre Kontrolle über die Provinzen: Die dezentralen Stammestraditionen wichen einer strikteren, imperialen Verwaltung; aufbauend auf den Institutionen des Kalifats wurde eine bewusst arabische und islamische Identität geschaffen und durchgesetzt. »Islamische« Münzen wurden geprägt. Das Arabische ersetzte das Griechische, Persische und Koptische als Verwaltungssprache, so dass arabische Muslime die Möglichkeit bekamen, führende Positionen einzunehmen. Auf dem Tempelberg in Jerusalem wurde der Felsendom errichtet als Zeichen gegen (oder, nach Ansicht mancher Forscher, auch für) die Erfüllung der messianischen Erwartungen des Judentums. Diese Moschee erhielt eine Inschrift, die den grundlegenden Dogmen des Christentums widersprach. Allen sollte deutlich gemacht werden, dass der Islam sich durchgesetzt hatte.

Was aber bedeutete »Islam« zu jener Zeit? Das größte Problem, welches die Umayyaden hatten, bestand darin, dass sich ihre Antwort auf diese Frage fundamental von jener der (selbsternannten) Religionsgelehrten, die später als *ulama* (Plural von *alim*, »Wissender«) bekanntwurden, unterschied. Diese Männer besaßen in jener Zeit großen Einfluss, und sie verfassten später auch die Geschichtsbücher. Für die Umayyaden bedeutete der Tod Mohammeds das Ende einer Ära: Mohammed war das »Siegel der Propheten«, und nach ihm würde Gottes Willen den Menschen nicht mehr durch andere, eine Schrift besitzende Propheten offenbart werden. Nun regierten vielmehr die Kalifen als seine Stellvertreter auf Erden. Das Zeitalter der Kalifen habe begonnen, und ihnen gebühre die religiöse Autorität. Für die Religionsgelehrten war das Unsinn: Gott hatte ihrer Meinung nach die Umma mit allem ausgestattet, was ihr zu wissen nötig war. Alles, was nicht im Koran geregelt war, ließe sich aus Mohammeds eigenen Aussagen und Handlungen erschließen. Da niemand darüber mehr wisse als die Ulama, sollte bei ihr auch die religiöse Autorität liegen.

Zum Unheil der Umayyaden stand nicht nur ein entscheidender Anteil ihrer muslimischen Untertanen auf der Seite der Religionsgelehrten, sondern hatten viele andere Muslime noch eigene theologische Einwände gegen ihren Anspruch auf das Kalifat. Überdies wandten sich die Kalifen (mit ein oder zwei Ausnahmen) in jener Zeit gegen eine Bekehrung der unterworfenen Völker, was zwei Folgen hatte: Noch mehr Untertanen verabscheuten sie (denn Nichtmuslime mussten höhere Steuern zahlen), und außerdem waren die meisten Untertanen der Kalifen keine Muslime. Arabische Muslime, nichtarabische Muslime, arabische Nichtmuslime und nichtarabische Nichtmuslime – alle hatten Gründe zur Opposition gegen die in Damaskus residierenden Kalifen. Im Jahr 750 wurden diese durch einen stark von Schiiten getragenen, sich aus dem Osten verbreitenden Aufstand gestürzt, und die Abbasiden erlangten den Thron.

Die Abbasiden (750–1258) behaupteten, von einem Onkel Mohammeds abzustammen, und versprachen – in Worten und in einigen Taten – einen dramatischen Bruch mit den Ungerechtigkeiten der umayyadischen Herrschaft. Sie verlegten das Zentrum der Macht von Syrien nach Osten, errichteten 762 in Bagdad eine neue Hauptstadt und nahmen messianische Titel an, um anzudeuten, dass sich vieles ändern werde. Tatsächlich aber blieb vieles beim alten: Wie die Umayyaden vor ihnen vergossen auch die Abbasiden das Blut charismatischer muslimischer Führer (schon die Männer, die den Aufstand zum Sturz der Umayyaden angeführt hatten, wurden brutal ermordet), gründeten eine Dynastie und beanspruchten – soweit wir das sagen können – die religiöse Autorität für sich. Auch sie verstärkten den Übergang von einem lose nach Stämmen organisierten Gemeinwesen zu einem zentralisierten Reich. Abd al-Malik hatte diesen Prozess ein halbes Jahrhundert zuvor eingeleitet, jedoch von Damaskus aus, einer Stadt, die trotz altehrwürdiger Vergangenheit niemals die Hauptstadt eines Reiches gewesen war. In Bagdad residierten die Abbasiden unweit der alten sassanidischen Hauptstadt Ktesiphon; obwohl sich oberflächlich das Wein-Weib-und-Gesang des vorislamischen Arabiens kaum vom Wein-Weib-und-Gesang des Abbasidenhofs unterschied, befand sich der Vordere Orient zur Zeit Harun ar-Raschids (reg. 786–809) in vieler Hinsicht in einer Entwicklung, die ihn tiefgreifend verändern sollte.

800–1100

Dass der Islam überhaupt existiert, ist den Ereignissen in den Jahren zwischen 600 und 800 zu verdanken. Doch seine heutige Gestalt entwickelte sich in der Zeit zwischen 800 und 1100. Während die Kamele die erste Ära prägten, sind die Karawanen das Leitbild der zweiten. Eine Karawane besteht aus vielen Kamelen (oder sonstigen Saumtieren), die von einer Gruppe von Reisenden geführt werden. Diese Karawanen bezeichnen einen der wichtigsten Unterschiede zwischen den Umayyaden und den frühen Abbasiden: Erstere schufen ein recht exklusives »arabisches« Reich, während letztere bewusst kosmopolitisch und offen waren, Nichtarabern (hauptsächlich Menschen aus dem persischen Kulturkreis – »Karawane« ist ein persisches Wort) Machtstellungen gaben und sie in den Islam einbezogen. Die Karawanen haben eine zentrale Bedeutung in dieser Periode, weil sie über die Straßen zogen, die die ausgedehnten Provinzen des Abbasidenreichs verbanden. Auf diesem Straßennetz reisten Pil-

Der Felsendom, Jerusalem. Zu den Inschriften auf dem achteckigen Umgang um das Gebäude zählen Koranverse, die sich gegen grundlegende Dogmen des Christentums wenden

ger, Gesandte, Kaufleute, Gelehrte und Soldaten. So bildete sich ein hohes Maß an Internationalismus, Multikulturalismus und gegenseitigem Austausch heraus – Merkmale, die die meisten Menschen im Westen für eine Eigenschaft der Moderne halten.

Die Grundlagen für diese Entwicklung sind tatsächlich jenen erstaunlich ähnlich, denen man die Entstehung der modernen westlichen Welt zuschreibt. Die Erfindung des Buchdrucks vertrat in der islamischen Welt jener Zeit die Einführung des Papiers, das teurere und elitärere Schreibmaterialien wie beispielsweise Papyrus und Pergament verdrängte. Die Lese- und Schreibfähigkeit soll stark zugenommen haben; es entstanden neue Leserschichten, die neue literarische Genres konsumierten und wiederum hervorbrachten. Von der vorislamischen Dichtung über theologische, philosophische, medizinische, naturwissenschaftliche und historische Werke bis hin zu Belletristik wurde alles in schriftlicher Form aufgezeichnet. In der gesamten islamischen Kultur und Zivilisation führte das zu einem großen Aufschwung, so dass im 9. Jahrhundert eine vielschichtige zivile Elite existierte.

In dieser Zeit erlebten auch das Reisen und der Handel eine Blüte, die von dem kulturellen Aufschwung getragen war und ihn wiederum beflügelte. Nicht nur erschienen (reale und fiktive) Reiseberichte, Landkarten und Erdbeschreibungen, die auf den neuen Erfahrungen in fernen Weltgegenden beruhten, sondern die Kaufleute aus dem Nahen Osten erweiterten ihren Einzugsbereich weit über die Grenzen des Abbasidenreiches hinaus. Ein Autor des 9. Jahrhunderts berichtet von einem vielsprachigen irakischen Juden, der kreuz und quer durch Eurasien reiste, von Frankreich durch muslimische Lande, Südrussland und Indien bis nach China. Tausende abbasidische Münzen, die in Skandinavien gefunden wurden, bezeugen das große Ausmaß der Handelsbeziehungen. Auch die Ausbreitung der Papierherstellung von China in den Nahen Osten ist in dieser Hinsicht lehrreich: Unsere Quellen berichten, dass Muslime im Jahr 751 eine chinesische Armee schlugen und dabei Papiermacher gefangen nahmen, von denen sie dann die technischen Verfahren lernten. Interessant ist, dass solche feindseligen Umstände wie eine blutige Schlacht in Innerasien keineswegs den interkulturellen Austausch und die Verbreitung von Waren, Menschen und Ideen behinderten. Die Muslime hatten zu jener Zeit umkämpfte Grenzgebiete in Spanien, Südeuropa, Zentralasien, Indien und Afrika, die ihren Anführern und einzelnen Individuen Gelegenheit boten, als Kämpfer des Dschihad Renommee zu erlangen. Wie die (höchstwahrscheinlich fiktive) Geschichte von den chinesischen Papiermachern belegt, sahen die Autoren derartiger

Geschichten kriegerische Konfrontationen keineswegs nur als Hindernis für einen kulturellen Austausch an.

Das (von einigen so bezeichnete) »Goldene Zeitalter« der islamischen Zivilisation beruhte auf einem feinen Gleichgewicht günstiger Umstände, insbesondere auf dem stetigen Zustrom von Einkünften in die Kasse des Kalifats dank effizienter Buchführung und einer relativ großen Stabilität innerhalb der abbasidischen Territorien. Dieses Gleichgewicht ging ab der zweiten Hälfte des 9. Jahrhunderts verloren; die Bedingungen, unter denen die abbasidische Globalisierung möglich gewesen war, sollten nie wiederkehren. Die Einkünfte aus Handel und Besteuerung gingen aus einer Reihe von Gründen zurück. Die sorgfältig unterhaltene Region Sawad im Südirak, aus der die Abbasiden einen großen Teil ihrer landwirtschaftlichen Erträge bezogen, wurde durch einen von Charidschiten inspirierten Aufstand ostafrikanischer, in der Gegend um Basra arbeitender Sklaven, den Zandsch, ins Chaos gestürzt (869–883). Statthalter ferner Provinzen begannen, die Steuereinkünfte vor Ort zu verwenden, statt die Gelder in die Hauptstadt zu schicken. Oft folgte dann auf die wirtschaftliche auch die politische Unabhängigkeit. Dass in dieser Zeit große Teile der Nichtaraber im Reich zum Islam konvertierten, trug zwar zur Ausbreitung des Islam bei, verminderte aber auch die Einkünfte aus der Kopfsteuer. Die Lage wurde noch dadurch verschlimmert, dass der verschwenderische Hof die Kassen plünderte und über alle Bedürfnisse und Möglichkeiten hinauswuchs. So entstanden neue herrschende Eliten, die Kosten verursachten, ohne eine wirkliche Funktion zu haben. In dieser Zeit verloren die Abbasiden, wie noch zu zeigen ist, ihre politische, militärische und religiöse Autorität.

In politischer Hinsicht bemühten sich die Abbasiden, ihr ausgedehntes, von Ost nach West sich in der Länge über rund 6500 Kilometer erstreckendes Reich zusammenzuhalten. Angesichts der gewaltigen Entfernungen und des Fehlens moderner Kommunikationsmittel war es nur allzu wahrscheinlich, dass manche ihrer Untertanen ein gewisses Ausmaß an Unabhängigkeit anstreben würden. Zwar konnten Schnellkuriere, Brieftauben, Signalfeuer und andere Kommunikationseinrichtungen in bestimmten Grenzen die großen Entfernungen überwinden, aber eigentlich war der politische Zerfall des Reiches nur eine Frage der Zeit. Im Falle Andalusiens war es noch nicht einmal das: Während der Machtübernahme der Abbasiden war es einem umayyadischen Prinzen gelungen, auf die iberische Halbinsel zu fliehen, wo er ein unabhängiges Emirat begründete, das unter Abd ar-Rahman III. (reg. 912–961) und seinen Nachfolgern den Titel eines Kalifats beanspruchte und zu einem glanzvollen Zentrum der Hochkultur wurde. Während die Abbasiden ihre Aufmerksamkeit dem Osten zuwandten und das Zentrum ihrer Macht dorthin verlagerten, brachen die westlichen Provinzen nach und nach vom Kalifat los: Marokko unter den Idrisiden (789–926), das übrige Nordafrika unter den Aghlabiden (800–909) und Ägypten unter den Tuluniden (868–905) und Ichschididen (935–969), auf die dann die fatimidischen Kalifen folgten (909–1171), die Nordafrika, Ägypten und Syrien beherrschten. Selbst die östlichen Provinzen erstrebten ein gewisses Maß an Unabhängigkeit: die Tahiriden (821–873) in Chorasan, auf die die Samaniden (874–1005) folgten, oder die Ghaznawiden (977–1186), deren Machtzentrum im östlichen Iran lag. Mit einigen wenigen Ausnahmen (so den Saffariden im östlichen Iran, 861–900) kooperierten diese östlichen Dynastien mit den Abbasiden und erkannten sie formell als Oberherren an; Gleiches taten westliche Dynastien wie die Idrisiden, die andalusischen Umayyaden oder die Fatimiden keineswegs. Dennoch pflegten die Abbasiden, schon allein aus geographischen Gründen, häufig einen stärkeren – friedlichen oder feindlichen – Austausch mit den unbotmäßigen Provinzen Ägypten und Syrien als mit den nominell loyalen Gebieten im östlichen Iran und in Innerasien.

In militärischer Hinsicht begannen die Abbasiden im frühen 9. Jahrhundert die Armee, die sie an die Macht gebracht hatte, durch Sklavensoldaten türkischer Herkunft (Mamluken oder Ghulams) zu ersetzen, die in Innerasien gefangen genommen oder gekauft wurden. Für den Kalifen al-Mutasim (reg. 833–842), der diese Sklavensoldaten als erster in großer Zahl importierte, waren sie aus drei Gründen attraktiv: Zunächst einmal waren ihnen als Außenstehenden örtliche Treuepflichten oder der Druck der Volksmeinung gleichgültig; ihre Loyalität galt einzig dem Kalifen. Zweitens waren sie als ausgezeichnete berittene Bogenschützen den Truppen aus Chorasan, die sie ersetzten, militärisch überlegen. Und drittens konnten sie wegen ihres Status als türkische Sklaven – auch wenn sie zum Islam bekehrt und häufig freigelassen wurden – niemals das Kalifat für sich beanspruchen. Theoretisch gesehen waren die Sklavensoldaten also eine verlockende Einrichtung, doch praktisch gerieten sie schnell außer Kontrolle. Gleich zu Anfang wurde in Samarra eine neue Hauptstadt errichtet (838–883), wo sie untergebracht und von der Bevölkerung Bagdads ferngehalten wurden, mit der es Zusammenstöße gegeben hatte. Schließlich aber entrissen sie den frei geborenen Muslimen in der gesamten muslimischen Welt die faktische Macht. Ab der Mitte des 9. Jahrhunderts (als sie den Kalifen al-Mutawakkil und seine drei Nachfolger ermordeten) fungierten die Sklavensoldaten als die Königsmacher, zehrten am Fiskus und untergruben so weiter die Herrschaft des Kalifen und die Ressourcen und Autorität des Kalifats.

Wie bei den Ghulams wurden die Abbasiden auch in religiöser Hinsicht die Opfer einer eigenen Initiative. In diesem Fall war es die Betonung der zentralen Bedeutung Mohammeds für den Islam im allgemeinen und für das Kalifenamt im besonderen, die sie schließlich schwächen sollte. Die Abbasiden hatten ihre Rebellion gegen die Umayyaden mit deren Distanz zum Propheten begründet und ihre eigene, schwache Verbindung zu diesem übertrieben – schließlich konnten sie nur auf einen Onkel des Propheten als Ahnherrn verweisen und nicht auf direkte Abstammung, wie verärgerte Schiiten betonten. Immerhin aber waren sie an der Macht, was auch schon einen Wert darstellte. Indem die abbasidischen Kalifen aber ihre Legitimität und ihr Prestige auf Mohammed zurückführten, erhöhten sie den Status des Propheten über das dahin bekannte Maß hinaus, so dass ihnen wenig Raum blieb, eine eigene religiöse Autorität zu beanspruchen. Mohammed gab den Abbasiden das Recht auf die Herrschaft, aber er gab gleichzeitig den Ulama das Recht, Orthodoxie zu definieren, denn den Religionsgelehrten und nicht den Kalifen wurde zugeschrieben, den unverfälschten Bericht seines paradigmatischen Verhaltens (*sunna*) bewahrt zu haben. Die Kalifen akzeptierten schließlich den Status der Ulama, freilich nicht kampflos: al-Mamun (reg. 813–833) versuchte, die religiöse Autorität seines Amtes zu festigen, indem er die Ulama einer Inquisition (*mihna*) in einer theologischen Frage unterzog. Dabei wurden die einzelnen Religionsgelehrten gezwungen, regelmäßig ihre Ansichten zu bekennen. Diese *mihna* blieb eine Maßnahme des Kalifats, bis al-Mutawakkil sie 848 schließlich wieder abschaffte. Zu diesem Zeitpunkt war es klar, dass die Kalifen in dieser Frage die Schlacht und den Krieg verloren hatten. Überraschenderweise begannen sie bald darauf, die Ulama, in der Regel vor allem durch großzügige Zuwendungen, zu unterstützen.

In der Mitte des 10. Jahrhunderts besaßen die abbasidischen Kalifen lediglich noch im Irak eine Spur ihrer einstigen Macht. Aber selbst dort wurden sie gedemütigt, als die schiitischen Buyiden, rauhe Eindringlinge aus dem nördlichen Iran, in die Hauptstadt einrückten. Sie ließen einige sassanidische Traditionen wiederaufleben, beließen den Abbasiden aber den Kalifenthron. Die Buyiden beherrschten den Irak und den westlichen Iran mehr als hundert Jahre (945–1055), ehe sie von den sunnitischen Seldschuken (um 1037–1157) verdrängt wurden, der ersten von mehreren Wellen aus eigenem Antrieb in die islamische Welt eindringender Turkvölker.

Trotz all dieser Entwicklungen, die für die abbasidischen Kalifen und den Irak insgesamt sicher negativ waren, war der »Islam« – als Religion und als Zivilisation – am Ende dieses Zeitraums sicher und gefestigt. Mit dem politischen Zerfall des Kalifenreiches und der Entstehung zweier konkurrierender Kalifate in Córdoba und Kairo verbreiteten sich der Prunk des abbasidischen Hofs und die Leistungen der islamischen Kultur insgesamt an all die Höfe, die überall in der islamischen Welt entstanden, was bedeutsame kulturelle und religiöse Folgen hatte. Die Existenz regionaler Zentren der islamischen Kultur, die vielfach bewusst dem Vorbild des abbasidischen Hofes folgten, ermöglichte, die politischen Energien Regionen zuzuwenden, die so fern gelegen waren, dass das Kalifat ihnen in den Jahrhunderten zuvor keine Aufmerksamkeit hatte widmen können. Die Aktionen regionaler Herrscher führten zu einem Ausgreifen des Islam über seine traditionellen Grenzen, die Große Trockenzone, hinaus. Die Fatimiden und Berber Nordafrikas stießen in das subsaharische Afrika vor, genauso wie die Ghaznawiden nach Indien, deren Sultan Mahmud (reg. 997–1030) nicht weniger als siebzehn Kriegszüge auf den Subkontinent führte. Afrika, Indien und Südostasien wurden mit der islamischen Welt bekannt, und damit waren die Voraussetzungen für den Übertritt weiter Teile der dort ansässigen Bevölkerung in den kommenden Jahrhunderten geschaffen.

Eine entscheidende Entwicklung dieser Periode war auch die Ausformung der Sunniten und Schiiten zu den erkennbaren Entitäten, als welche sie heute noch existieren. Die Rivalität zwischen den schiitischen Buyiden und Fatimiden einerseits, den sunnitischen Seldschuken und Ghaznawiden andererseits hatte durchaus einen ideologischen, konfessionellen Charakter. Beide Parteien unterstützten die Ulama, bauten Bibliotheken und – ab dem 11. Jahrhundert – Rechtsschulen (*madaris*; Sg. *madrasa*) und entsandten Lehrer und Missionare in die gesamte islamische Welt und darüber hinaus. Auf dem Höhepunkt seiner Macht beherrschte das Fatimidenkalifat Ägypten, Nordafrika, Sizilien, Syrien, den Jemen, den Hedschas sowie Teile Ostafrikas, und der fatimidische Einfluss erstreckte sich bis zu Gemeinden in Indien. Die schiitische Lehre, die sie verbreiteten, unterschied sich von der der Buyiden (und der schiitischen Strömung, die heute am verbreitetsten ist). Alle Schiiten führen die Leitung der Umma, das »Imamat«, auf Ali, zwei seiner Söhne und deren Nachkommen zurück. Nach dem Tod Dschafars, des sechsten Imams (765), spaltete sich die Bewegung: Einige folgten seinem Sohn Ismail (daher nennt man diese Gruppe auch »Ismailiten«), andere einem anderen Sohn namens Musa. In der letzteren Gruppe setzte sich die Reihe der anerkannten Imame bis 874 fort, als der zwölfte Imam (daher »Zwölferschiiten«) in die Verborgenheit ging oder, wie seine Gegner behaupten, einfach starb. Unter fatimidischer Förderung wurden die ismailitische Schia (und unter buyidischer die Zwölferschia) durchgehend systematisiert, und die Fatimiden forderten ihre sunnitischen Gegenspieler im Osten auf allen Ebenen heraus. Die Reaktion der Sunniten war ihrerseits eindrucksvoll: In der Zeit zwischen 800 und 1100 wurden die sechs angesehensten Sammlungen von *Hadithen*, d.h. Überlieferungen über Mohammed, zusammengestellt; die philosophischen, theologischen und mystischen Strömungen des Islam wurden an die orthodoxe sunnitische Lehre angepasst, und die vier islamischen Rechtsschulen (*madhab*) entstanden. Im 11. Jahrhundert soll der sunnitische Islam seine endgültige Form angenommen haben; von nun an, erklärten die Gelehrten, sei das »Tor der Interpretation des islamischen Gesetzes« (*idschtihad*) geschlossen. In den 1090er Jahren schlossen sich auch die Tore der Macht und des Einflusses von Seldschuken und Fatimiden: Nach dem Tod des fatimidischen Kalifen im Jahr 1094 spaltete sich die fatimidische Bewegung. Der eine Zweig wurde in Europa unter dem Namen der Assassinen bekannt. Diese verlegten sich darauf, ihre Feinde nicht in Schlachten zu besiegen, sondern deren Anführer zu ermorden (der Name leitet sich von der Unterstellung ab, die vorgesehenen Attentäter seien vor ihrem fast sicher den Tod bedeutenden Einsatz mit Haschisch beruhigt worden). Eines der ersten hochrangigen Opfer der Assassinen war der seldschukische Wesir Nizam al-Mulk, die wichtigste Figur im Zentrum der seldschukischen Macht. Danach verfiel sowohl die Macht der Fatimiden in Ägypten wie auch die der Seldschuken im Irak und Iran. Allerdings waren sowohl der sunnitische als auch der schiitische Islam inzwischen klar entwickelt und bedurften nun weniger einer staatlichen Förderung. Überdies waren am Ende dieses Zeitraums die Muslime in der islamischen Welt gegenüber den Nichtmuslimen zur Mehrheit geworden. So war die Stellung des Islam insgesamt ungefährdet.

1100–1500

Die beiden ersten Zeiträume werden häufig als die »formative« beziehungsweise die »klassische« Periode der islamischen Geschichte bezeichnet, und für die meisten Muslime (die, wie festgehalten werden soll, diese Begriffe und auch die chronologische Unterteilung in der Regel nicht verwenden) sind diese Jahrhunderte auch die wichtigsten. Gleichwohl wäre die überwältigende Mehrheit der heutigen Muslime ohne die Ereignisse in den Jahren zwischen 1100 und 1500 höchstwahrscheinlich nicht muslimisch. Und obwohl moderne Islamisten (die den Islam als ein zugleich politisches und religiöses System betrachten) das Zeitalter des Propheten und der rechtgeleiteten Kalifen in den Mittelpunkt stellen, entstanden die islamistischen Bewegungen gerade in dieser Epoche. Aus europäischer Perspektive handelt es sich um den Zeitraum, ohne den die Türkei nicht die Mitgliedschaft in der EU betreiben könnte, ja ohne den es überhaupt keine Türkei gäbe, und ohne den Russland keine »offenen Fragen« mit Muslimen im Süden des Landes hätte. Hier nun ein kurzer historischer Überblick:

Nachdem sie jahrhundertelang ihre Nachbarn dominiert und den Lauf ihrer eigenen Geschichte bestimmt hatten, sahen sich

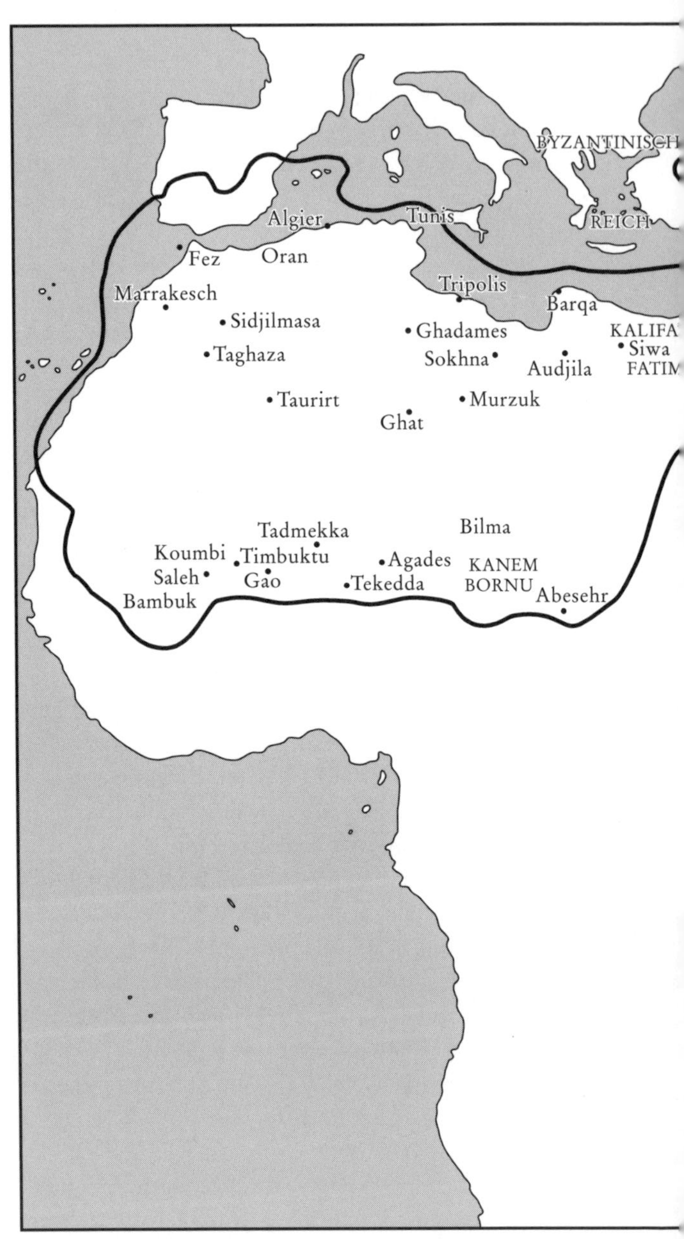

Die islamische Welt um 1100

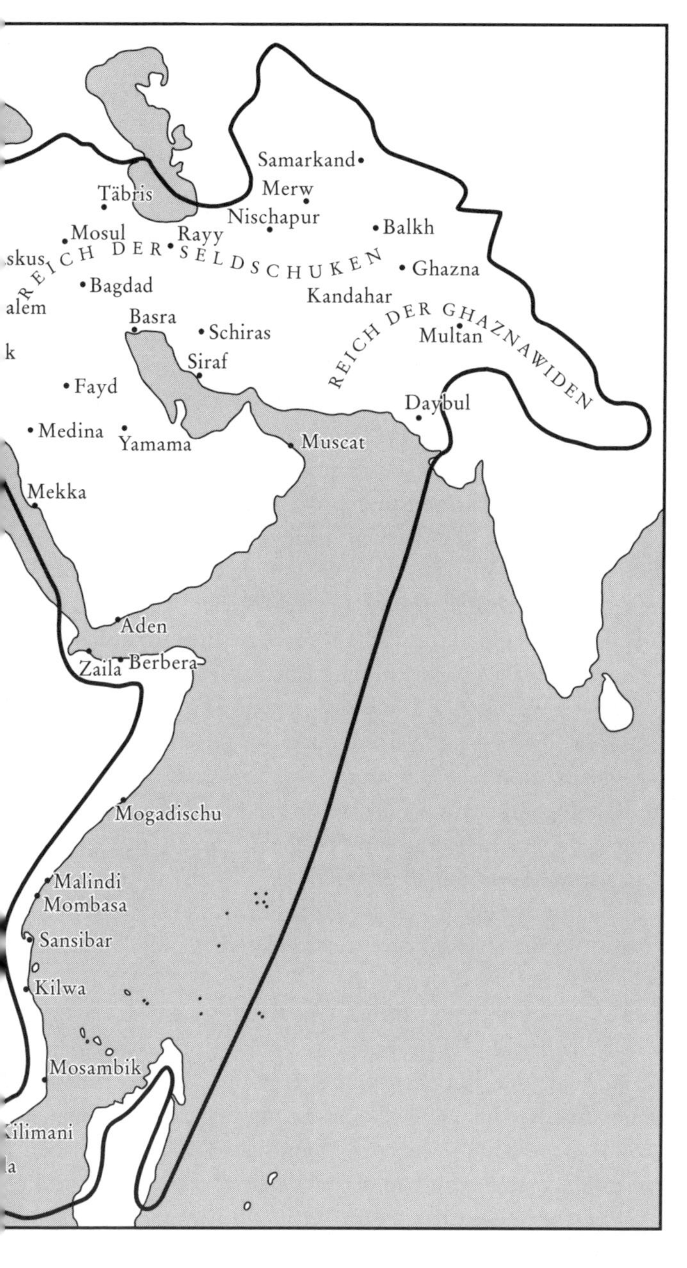

Samarkand
Merw
Täbris
Nischapur
Mosul
Rayy
Balkh
REICH DER SELDSCHUKEN
Ghazna
Bagdad
Kandahar
Basra
Schiras
REICH DER GHAZNAWIDEN
Multan
Siraf
Fayd
Daybul
Medina
Yamama
Muscat
Mekka
Aden
Zaila
Berbera
Mogadischu
Malindi
Mombasa
Sansibar
Kilwa
Mosambik

die Muslime ab dem späten 11. Jahrhundert häufig gezwungen, auf die Handlungen anderer Muslime und Nichtmuslime zu reagieren, die jenseits der politischen Grenzen der islamischen Welt lebten. Diese Eindringlinge kamen in dreierlei Gestalt: als muslimische Türken, als nichtmuslimische Invasoren (lateinische Christen aus dem Westen und Mongolen aus dem Osten) und schließlich als muslimische Invasoren (Timur).

In der zweiten Hälfte des 11. Jahrhunderts rückten immer weitere Wellen türkischer Stammesverbände gen Westen vor. Sie folgten den Weidegründen, auf die sie angewiesen waren, durch den Nordiran bis nach Aserbaidschan und Anatolien. Von dort aus unternahmen sie (oft religiös inspirierte) Raubzüge (*ghazwa*) in byzantinische Territorien und provozierten so eine militärische Reaktion. Aber die Türken schlugen die byzantinischen Truppen bei Manzikert (1071), und innerhalb von zwei Jahrzehnten befand sich der größte Teil von Syrien, Palästina und Anatolien in ihrer Hand. Im 13. Jahrhundert hatte Anatolien bereits eine beträchtliche muslimische Bevölkerung, und die Ankunft weiterer türkischer Einwanderungswellen trug zu einer stetigen Dehellenisierung (Verdrängung der griechischen Bevölkerung) der Region bei. Die türkische Herrschaft in Anatolien war in der Regel dezentral und lag in der Hand rivalisierender Dynastien, die nur lose mit dem Großseldschuken im Iran verbunden waren. Aufgrund ihrer ständigen Einfälle in byzantinisches Gebiet suchte der Kaiser die Hilfe der westlichen Christen, und damit trat die zweite Form fremder Eindringlinge in die islamische Welt auf den Plan.

Die Kreuzzüge waren nicht nur eine Reaktion auf das byzantinische Ersuchen um Hilfe gegen die Türken; sie umspannten drei Kontinente und fünf Jahrhunderte und bedeuteten für viele Menschen höchst Unterschiedliches. Schon der Erste Kreuzzug, der 1095 begann, hatte weniger mit den byzantinisch-türkischen Auseinandersetzungen zu tun als mit weiter gefassten christlichen Offensiven gegen den Islam und natürlich auch mit dem

Ziel, Jerusalem und das Heilige Land für die Christenheit zurückzuerobern. Die muslimischen Historiker jener Zeit sahen die Kreuzzüge, soweit sie sich überhaupt mit ihnen auseinandersetzten (viele taten das gar nicht), im Kontext mit den christlichen Geländegewinnen auf der iberischen Halbinsel, in Italien und anderswo. Sizilien, das ab der Mitte des 10. Jahrhunderts ein muslimischer Staat gewesen war, wurde zwischen 1061 und 1091 von einer kombinierten Streitmacht von aus Italien kommenden Normannen und italienischen Soldaten zurückerobert, auch wenn die letzten Muslime erst nach 1240 von der Insel vertrieben wurden. In Andalusien erfolgte die Rückeroberung in längeren Etappen: Da örtliche Christen im Norden und Westen der Halbinsel schon im 8. Jahrhundert der muslimischen Herrschaft trotzten, lässt sich behaupten, dass die Reconquista insgesamt fast achthundert Jahre dauerte – abgeschlossen war sie erst 1492 mit der Eroberung Granadas durch Ferdinand und Isabella. Aber erst im späten 11. Jahrhundert gelang es den Christen, mit der Eroberung Toledos (1085) wirkliche Fortschritte zu erzielen.

Die Reconquista gewann im 11. Jahrhundert vor dem Hintergrund politischer Desorganisation auf muslimischer Seite an Impetus und Durchschlagskraft. Schon 1013 hatten Berber Córdoba geplündert. 1031 endete das Umayyadenkalifat und zerfiel in kleine, regionale Stadtstaaten, die sich unaufhörlich bekämpften. Unfähig, dem Vordringen der christlichen Streitkräfte Widerstand entgegenzusetzen, ersuchten die muslimischen Herrscher die in Nordafrika regierenden Almorawiden um Hilfe. Diese waren »puritanische« Berber, deren ursprüngliches Ziel es war, ihre Vorstellung einer rigorosen muslimischen Orthodoxie gegen die ihrer Meinung nach oberflächliche und verfälschte Form des Islam durchzusetzen, die zu ihrer Zeit praktiziert wurde. Die Almorawiden beherrschten Andalusien von 1086 bis 1147, als sie durch eine andere Berberdynastie, die Almohaden, verdrängt wurden. Diese wiederum zogen sich Mitte des 13. Jahrhunderts nach Nordafrika zurück, als der größte Teil Andalusiens an die

Christen verloren ging: Córdoba fiel 1236, Sevilla 1248. Die Dynastie mit ihren kompromisslosen religiösen Dogmen war bei den christlichen Streitkräften gefürchtet, aber auch bei den örtlichen Muslimen (die sie nicht ins Land gerufen hatten). Am meisten hatten die indigenen Christen und Juden zu leiden, deren Gemeinden unter den Umayyaden aufgeblüht waren: Unter der Herrschaft der militanten Berberdynastien blieb ihnen vielerorts nur die Wahl zwischen Religionswechsel, Auswanderung oder Tod. Manche flohen in die christlich beherrschten Regionen Spaniens und Portugals oder in andere Mittelmeerländer.

Die lose mit den Großseldschuken verbundenen Türken, die zum Entstehen der Kreuzzüge beigetragen hatten, trugen schließlich auch zum Widerstand und zum Sieg über die Kreuzfahrer bei. Auf dem Höhepunkt ihrer Macht vergaben die Großseldschuken die Provinzen ihres Reiches an Prinzen, die häufig zu jung waren, um tatsächlich zu herrschen. Ihnen wurden Hofmeister/Wächter (Atabegs) zur Seite gestellt, die die wirkliche Macht ausübten – theoretisch nur während der Minderjährigkeit ihrer Herren, praktisch aber auf Dauer. Ein solcher Atabeg war Zengi, der Herrscher von Mosul und Aleppo (reg. 1128–46), der 1146 Edessa eroberte und damit den Kreuzfahrern die erste schwere Niederlage beibrachte. Sein Sohn Nur ad-Din einte Syrien unter seiner Führung, während ein kurdischer Söldnerführer in seinem Auftrag 1169 den Fatimiden die Herrschaft über Ägypten entriss. Danach vereinte ein anderer kurdischer Sunnit, den man im Westen unter dem Namen Saladin kennt, Ägypten und Syrien und beseitigte das schiitische Fatimidenkalifat (1171). Hatte er damit seine erklärten Ziele verwirklicht, so erlangte er bleibenden Ruhm durch den Sieg über die Kreuzfahrer bei Hattin und die anschließende Rückeroberung Jerusalems (1187).

Saladins Nachfolger der von ihm begründeten Ayyubidendynastie (1174–1250) lagen ständig im Streit miteinander, weshalb sie häufig strategische Waffenstillstände mit den Kreuzfahrern vereinbarten und sich mit türkischen Sklavensoldaten (Mamluken) umgaben. Diese Mamluken stürzten schließlich die Ayyubiden und beherrschten ein Reich (1250–1517), das Ägypten, Syrien und Teile des Irak, Arabiens, Nord- und Ostafrikas umfasste. Das Festhalten am System der Sklavensoldaten, das einen ständigen Import von vorwiegend turkstämmigen Sklaven erforderte, erzeugte eine starke, militärisch stabile Gesellschaft, die allen äußeren Herausforderungen gewachsen war. Anders als ihre Vorgänger ließen sie sich nicht auf Waffenstillstände mit den Franken ein, sondern vertrieben 1291 die letzten Kreuzfahrer aus Palästina, nachdem sie bereits 1260 die Mongolen in der Schlacht von Ain Djalut geschlagen hatten. So bereiteten die Mamluken der von zwei Seiten kommenden Bedrohung des Nahen Ostens ein Ende.

Anderswo allerdings entgingen die Muslime nicht der mongolischen Eroberung, und bis vor kurzem – und gewiss zu jener Zeit – standen nicht die Kreuzfahrer, sondern die Mongolen weltweit im Zentrum der muslimischen Ängste. Wie der Prophet Mohammed erlangte auch Temüdschin (reg. 1206–27) Macht, indem er zahlreiche nomadisierende Stämme unter seiner Herrschaft vereinte, und mit etwa vierzig Jahren unter dem neuen Namen Dschingis Khan (»oberster Herrscher«) auf die Weltbühne trat. Wie Mohammed erlebte er die Vergrößerung seines Staates zu einem Weltreich nicht mehr: Als er starb, hatten die Mongolen zwar schon große Teile Innerasiens erobert, aber noch nicht jene Teile Chinas, Koreas, Osteuropas, der Kaukasusregion und der islamischen Welt, aus denen sich schließlich das mongolische Weltreich zusammensetzen sollte. Beträchtliche Teile des muslimischen Innerasiens und des nördlichen Iran wurden schon früh erobert – unter gewaltigen Verheerungen, die einen schaudern lassen, selbst wenn man Übertreibungen in Rechnung stellt. Die größten Verwüstungen in der muslimischen Welt richteten die Mongolen während der Eroberung des Iran und Irak in den 1250er Jahren an: Die empfindlichen Bewässerungssysteme, von denen die Landwirtschaft im Irak abhing, wurden zerstört, ebenso Bibliotheken und Moscheen. Die Bevölkerung in zentralen Ortschaften und Städten wurde hingeschlachtet. Die düsterste Erinnerung im muslimischen Gedächtnis bildete aber die Plünderung Bagdads (1258), mit der das Abbasidenkalifat nach über fünfhundert Jahren endete. Die mongolischen Herrscher im Iran und Irak, die Ilkhane (1265–1335) traten schließlich zum Islam über und versuchten, sich durch die Förderung der Künste, die Beschäftigung persischer Beamter und die Senkung von Steuern bei den einheimischen Muslimen anzubiedern. Aber damals wie heute wurden die Mongolen als Schurken angesehen, weil sie dem dahinsiechenden Kalifat den Todesstoß versetzt hatten.

Die Mamluken hingegen gingen als Helden in die islamische Geschichte ein. Der Grund für den Einsatz türkischer Sklaven war in frühabbasidischer Zeit gewesen, dass ihr Sklavenstatus ein Streben nach dem Kalifenamt ausschloss. Die mamlukischen Sultane beanspruchten das Kalifat auch nicht für sich, aber die Sklavenabkunft blieb ein Thema, weshalb sie sich als Vorkämpfer des Dschihad gegen die Ungläubigen präsentierten und einen Onkel des letzten abbasidischen Kalifen nach Ägypten brachten, dessen Anwesenheit ihrer Herrschaft Legitimität geben sollte. Die Sultane förderten auch die Ulama und unterstützten eine Reihe religiöser Stiftungen und Bauprojekte. Von ihnen bezahlte Gelehrte schrieben Geschichtsbücher, in denen sie im allgemeinen Schmeichelhaftes über die Mamluken überlieferten. Aber so erfolgreich die Mamluken den Islam gegen Kreuzfahrer und Mongolen verteidigt hatten, gegen den Schwarzen Tod, der die Welt in den 1340er Jahren heimsuchte und zu dessen Ausbreitung sie ungewollt beitrugen, waren sie machtlos, und ihr Reich erholte sich von dessen Folgen nicht.

In politischer Hinsicht befanden sich die zentralen Länder gegen Ende dieses Zeitraums in Unordnung. Das Mamlukenreich befand sich im Niedergang, und aus Transoxanien veranstaltete der türkisch-mongolische Herrscher Timur oder Tamerlan (1336–1405) verheerende Kriegszüge auf den Spuren früherer mongolischer Eroberungszüge. Timur war zwar Muslim, aber seiner Kultur und Identität nach war er ein selbstbewusster Mongole; selbst der Islam, den er und seine Gefolgsleute praktizierten, war von mongolischen Traditionen durchsetzt. Er wählte nur Länder zum Ziel, die schon Dschingis Khan und dessen Nachfolger erobert hatten. Obwohl Timur muslimische Armeen unter anderem bei Delhi (1398), Aleppo (1400), Damaskus (1401) und in Anatolien (1402) schlug, hinterließ er kein bleibendes Reich. Nach seinem Tod im Jahr 1405 wurden die Gebiete unter seinen vier Söhnen aufgeteilt, von denen keiner so ehrgeizige militärische Ziele verfolgte wie ihr Vater.

Timurs Eroberungen zeigen gut die Stärken und Schwächen der verschiedenen muslimischen Staaten im frühen 15. Jahrhundert. Es ist bezeichnend, dass er bei seinen Eroberungen im muslimischen Indien weit mehr Beute machte als irgendwo sonst; und in Indien und den benachbarten Regionen erzielten der Islam und die muslimische Herrschaft in dieser Periode eindrucksvolle Fortschritte. Indien war schon seit der Zeit der Ghaznawiden von muslimischen Herrschern systematisch zum Ziel genommen worden, aber erst seit dem späten 12. und frühen 13. Jahrhundert regierten dort unabhängige muslimische Herrscher, zunächst die in Afghanistan beheimateten Ghuriden (1148–1218) und dann die türkischen und afghanischen Dynastien des Sultanats von Delhi (1206–1526). Wie häufig in der islamischen Geschichte löste sich ein Sklavensoldat von der Dynastie seiner Herren und begründete eine eigene. In diesem Falle handelte es sich um Aibak, einen *ghulam* der Ghuriden. Er eroberte 1206 Delhi und schuf einen Mamlukenstaat in Indien. Zwar starb er schon fünf Jahre später bei einem Unfall im Polospiel, aber einer seiner eigenen *ghulams* trat seine Nachfolge an und begründete eine Sklavendynastie, die bis 1290 herrschen sollte. In den beiden folgenden Jahrhunderten entstand eine spezifische indisch-muslimische Kultur in der Region, und der Islam breitete sich auf dem Subkontinent und darüber hinaus bis in das heutige Malaysia und nach Indonesien aus.

Obwohl die Mongolen und Timur Tod und Zerstörung über die islamische Welt brachten, verbreiteten sich durch ihre Eroberungen auch viele kulturelle Errungenschaften – von persischer Literatur bis hin zu den Spielkarten. Entscheidend war, dass parallel zu dem Niedergang und Sturz des Abbasidenkalifats und allgemeiner zum Verfall politischer Strukturen und Institutionen (und dadurch veranlasst) innerhalb der muslimischen Gesellschaft alternative gesellschaftliche und politische Strukturen geschaffen wurden, insbesondere die Organisationen der Sufis. Der Sufismus als mystische Annäherung an Gott ist in mancher Hinsicht so alt wie der Islam selbst, doch seine formalen Doktrinen entwickelten sich erst im 9. Jahrhundert, und erst im 13. wurden spezifische Zweige des Sufismus institutionalisiert. Diese Bruderschaften (*tariqas*) mit ihren »Häusern« (*khanqas*, *ribats*, *tekken* oder *zawiyas*, je nach Region), »Meistern« (bezeichnet u.a. als Scheich oder Pir), Initiationsriten und seltsamen Ritualen wecken bei Menschen aus dem westlichen Kulturkreis Assoziationen zu den Freimaurern, bei denen ja auch die Spiritualität im Zentrum stand. Anders als die Freimaurer hatten die Sufi-Orden aber tatsächlichen gesellschaftlichen, politischen und religiösen Einfluss. Es ist hauptsächlich den Bemühungen charismatischer Sufi-Scheichs zu verdanken, dass sich der Islam in großen Teilen Schwarzafrikas, Süd- und Südostasiens ausbreitete.

Der Islam gewann seine ersten Konvertiten unter Völkern des Nahen Ostens, die mit dem semitischen Monotheismus gut vertraut waren: Der Weg vom Aramäischen zum Arabischen, von »Abraham« zu »Ibrahim« ist nicht weit. Die Verwandtschaft des Judentums und des Christentums zum Islam war so eng, dass im Islam das Dogma entstand, die beiden anderen Religionen seien ursprünglich Islam gewesen, doch sei die Religion im Laufe der Zeit korrumpiert worden, weshalb Gott die Menschheit an den wahren Weg hätte erinnern müssen. Zu diesem Zweck habe er Mohammed und den Koran gesandt. Eine solche Lehre ließ sich eigentlich nicht so erweitern, dass sie auch den Hinduismus, den Buddhismus oder die heidnischen Religionen Afrikas und Südostasiens mit einschließen konnte, aber das hinderte die Sufis nicht. Die Sufi-Missionare verstanden es, kurz gesagt, Heiden und Polytheisten davon zu überzeugen, dass sie im wesentlichen bereits Muslime waren, dass aber ihre Gottheiten und Rituale in der Sprache des Islam andere Namen und Bezeichnungen hätten. Damit diese Strategie aufgehen konnte, ließ sich allerdings nur eine sehr oberflächliche Version des Islam propagieren, und Elemente der vorislamischen Religionen, die im Islam kein Äquivalent hatten, mussten in die neue Religion der Konvertiten integriert werden (so wie der Valentinstag, Halloween oder der Weihnachtsbaum Eingang in christliche Kulturen fanden). Bei den monotheistischen Konvertiten vollzog sich diese Adaption nahtlos, indem Nacherzählungen biblischer Geschichten (*Israiliyat*) in die islamische Tradition einsickerten, oft ohne dass man dies eigens bemerkte. Bei Heiden und Polytheisten war das Ergebnis jedoch ein religiöser Synkretismus, der für »orthodoxe« Muslime zutiefst anstößig war. Ein frühes Beispiel, das oben schon erwähnt wurde, war die Reaktion der Almorawiden auf den Islam der Berber, und auch die meisten modernen islamistischen Bewegungen haben ihren Ursprung in ähnlichen Versuchen, die muslimischen Gesellschaften von synkretistischen oder in anderer Weise verderbten Formen des Glaubens und der Gottesverehrung zu reinigen.

Im 14. und 15. Jahrhundert waren Sufi-Bewegungen unter den Türken in Anatolien und Aserbaidschan aktiv und einflussreich (sowie auch in den meisten anderen Regionen der muslimischen Welt). Die verschiedenen Elemente (sunnitische, schiitische, heterodoxe Sufi-Lehren und anderes), die in dieser Region zusammenkamen, wurden im späten 15. und frühen 16. Jahrhundert nach und nach entwirrt. Übrig blieben die sunnitischen Osmanen und die schiitischen Safawiden. Das Erbe und die Nachfolger ihrer beiden Reiche bestimmen das Bild des modernen Nahen Ostens.

Seit 1500

Wann endete die islamische Geschichte? Zwar ist in manchen Teilen der Erde keineswegs ein Ende absehbar, dennoch lässt sich in dreierlei Hinsicht sehr wohl behaupten, die islamische Geschichte habe in dem Zeitraum zwischen 1500 und der Gegenwart ihr Ende gefunden. Zunächst einmal gehören, wie in den Kapiteln 6 und 7 gezeigt werden wird, die geschichtlichen Episoden, die das historische Reservoir aller Muslime ausmachen, jenen drei bereits geschilderten Perioden an. Zum zweiten ist in dem Zeitraum ab 1500 die »Geschichte«, die den Islam und die Muslime betrifft, keine »islamische« Geschichte mehr, sondern vielmehr die »Weltgeschichte«, in der der Islam und die Muslime eine bestimmte Rolle spielen. Da diese Rolle sehr oft zweitrangig war, wäre es mindestens irreführend, Ereignisse in dieser Epoche als Teil der »islamischen« Geschichte darzustellen, weil man damit dem Islam und den Muslimen eine Kontrolle über Entwicklungen zuschreiben würde, die sie nicht hatten. Als beispielsweise die Franzosen 1798 Ägypten besetzten, wurden sie von den Briten vertrieben; die Ägypter waren dabei nur Zuschauer. Drittens zerfielen in dieser Periode viele entscheidende Merkmale der vormodernen muslimischen Gesellschaften und der islamischen Geschichte, darunter unter anderem die weit verbreitete Abhängigkeit von Sklavensoldaten (und allgemeiner von berittenen Truppen), die rechtliche Unterscheidung zwischen Muslimen und anderen Gruppen in den islamischen Ländern, die zentrale Bedeutung der Hadsch (und anderer religiöser Netzwerke) für den Zusammenhalt der Umma sowie die unangefochtene religiöse Autorität der Ulama.

Das ändert aber nichts daran, dass ein großer Anteil der heutigen Muslime Nachkommen von Menschen sind, die in dieser Periode zum Islam konvertierten. Im 16. Jahrhundert hätte, wie ein Historiker es formulierte, ein Besucher vom Mars den Eindruck haben können, die gesamte Erde sei auf dem Weg, muslimisch zu werden. Diesen Schluss hätte der Marsianer aus der Existenz dreier großer Imperien und Zivilisationen ziehen können: des Osmanischen Reichs (1300–1922), des Safawidenreichs (1501–1722) und des Mogulreichs (1526–1858). Hier nun ein kurzer (menschlicher) Überblick über die Entwicklungen:

Das Osmanische Reich war das erste muslimische Imperium, das in dieser Periode entstand, und das letzte, welches schließlich unterging. In der einen oder anderen Gestalt existierte es vom frühen 14. bis ins frühe 20. Jahrhundert. Es entstand, als es um 1300 einem ehrgeizigen Anführer türkischer Grenzsoldaten im westlichen Anatolien gelang, in dieser Region einen unabhängigen muslimischen Staat zu gründen. Dieser nach seinem Gründer Osman benannte Staat expandierte schnell auf Kosten des Byzantinischen Reiches, und im Jahr 1453 eroberten die Türken schließlich Konstantinopel, das sie İstanbul nannten (wohl eine Entstellung des Griechischen »eis ten polin«: »in die Stadt«). Im Verlauf der folgenden hundert Jahre nahmen sie Jerusalem, Mekka und Medina dem Mamlukensultanat (das sie 1517 auslöschten) und Bagdad 1534 den Safawiden ab. Im Westen eroberten sie Belgrad und Ungarn und fügten das Land ihrem Herrschaftsbereich ein. 1529 standen sie vor Wien. Die osmanischen Sultane setzten ihre Erfolge schnell in Macht, Reichtum und Prestige um: Geld, Bibliotheken, Archive und Ulama wurden aus den neu eroberten Provinzen Ägypten und Syrien nach Istanbul geschafft, und die Sultane beanspruchten nicht nur die Gebiete, sondern auch die Titel und die Autorität der besiegten Herrscher. Sie nannten sich »Caesar«, »Schahinschah« und »Kalif«, ja gelegentlich sogar »Kalif Gottes«. Dementsprechend nahmen die Sultane und »Kalifen« religiöse Funktionen wahr, erließen religiöse Edikte, ernannten Kadis und fügten die Ulama in die herrschende Hierarchie ein. Sultan Süleyman I. (reg. 1520–66) war wegen seiner Macht und militärischen Erfolge im Westen als »der Große« oder »der Prächtige« bekannt, für die Muslime aber war er wegen der Eingliederung des Gewohnheitsrechts in die Scharia nur Kanuni Sultan Süleyman, »Sultan Süleyman, der Gesetzgeber«.

In der Mitte des 16. Jahrhunderts hatten die Osmanen ein starkes, zentralisiertes und kosmopolitisches Reich geschaffen, das über gewaltige Ressourcen und einige der großartigsten Städte nicht nur der islamischen Welt gebot und sich über Europa, Asien und Afrika erstreckte. Aber der Kosmopolitismus hatte sowohl positive wie auch negative Auswirkungen. Auf der einen Seite blühten der Handel und die Kultur in den osmanischen Städten auf, als Zehntausende jüdische Flüchtlinge aufgenommen wurden, die der spanischen Inquisition entgehen wollten. Die osmanische Militärmaschinerie beruhte zu einem großen Teil auf christlichen, ihren Eltern entzogenen Knaben, die als Janitscharen (*yeniçeri*: »neue Truppe«) Dienst taten. Als Nachfolger der disparaten Gruppen von Turkmenen, die Anatolien zwischen dem 13. und 15. Jahrhundert beherrscht hatten, regierten die osmanischen Sultane ein Reich, in dem es eine beträchtliche Anzahl von Schiiten und Sufis (mit teilweise höchst unorthodoxen Lehrmeinungen) sowie verschiedene christliche Gruppen gab. Die ethnische Zusammensetzung des Reichs war nicht weniger vielgestaltig. Am Ende des 19. Jahrhunderts war es jedoch überdeutlich, dass nur sehr wenig dieses Flickwerk aus Völkern miteinander verband. Und so gut und fein es auch war, religiöse Titel zu führen, die Ulama zu kontrollieren und sich der Herrschaft über die heiligen Städte des Islams zu rühmen, blieb dennoch die Tatsache bestehen, dass selbst auf dem Höhepunkt der Macht gerade einmal die Hälfte der Untertanen des Reiches Muslime waren und dass weniger als die Hälfte aller Muslime im Osmanischen Reich lebten. Die Einheit der Umma, wie sie die frühen Kalifen (wenn auch nur politisch) erreicht hatten, musste in den Augen eines muslimischen Herrschers weit mehr bedeuten als die politische Herrschaft über beispielsweise Albanien oder Kroatien. Außerdem ergaben sich Entwicklungen, die wirkliche Bedeutung für die Muslime und den Islam hatten, auch anderswo: in den Reichen der Safawiden und der Moguls.

Ungefähr zu der Zeit, als Osman seinen Staat in Anatolien schuf, begründete der aus Aserbaidschan stammende Safi ad-Din (1252–1334) in Ardabil einen Sufi-Orden, deren Anhänger als Safawiyya bekannt wurden. Im späten 15. Jahrhundert hatte sich diese Bruderschaft zu einer militanten schiitischen Sufi-Bewegung entwickelt, die ihren jeweiligen Anführer als den verborgenen Imam oder als Gott selber betrachtete. Um die Wende des 16. Jahrhundert trat der Führer des Safawidenordens, ein junger Mann namens Ismail, aus der Verborgenheit und machte sich daran, den Iran zu erobern; 1501 beherrschte er die Region von seiner Hauptstadt Täbris aus. 1514 allerdings wurden die safawidischen Truppen in der Schlacht bei Tschaldiran von den Osmanen geschlagen. Diese Niederlage hatte drei wichtige Folgen: Erstens wurde damit faktisch die noch heute bestehende türkisch-iranische Grenze geschaffen; zweitens hatten die safawidischen Schahs die Schlacht und ihren Anspruch auf Göttlichkeit dank der überlegenen Geschütze der Osmanen verloren, weshalb sie sich nun ihrerseits mit modernen Geschützen ausrüsteten, und drittens verlegten sie angesichts der Gefahr des Vordringens der Osmanen in die westlichen Provinzen des Reichs ihre Hauptstadt weiter nach Osten, unter Schah Abbas I. (reg. 1587–1629) schließlich nach Isfahan.

Durch diesen Schritt nach Osten entfernten sich die Safawiden von ihrer ursprünglichen turkmenischen Machtbasis und setzten sich im iranischen Kernland fest. Auch der religiöse Charakter des Staates änderte sich: Die radikalen Ideen wurden durch die Orthodoxie der Zwölferschia ersetzt, an die Stelle türkischer traten persische Eliten. Die Zwölferschia wurde der überwiegend

Die islamische Welt um 1700

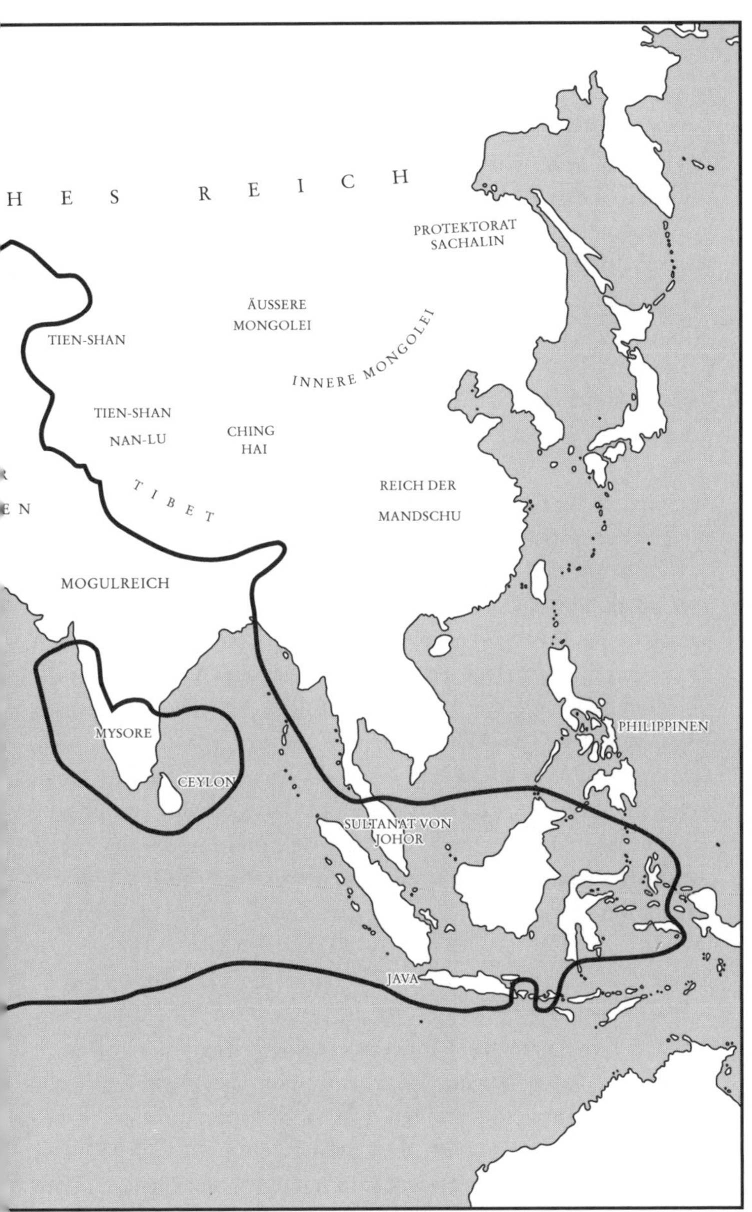

H E S R E I C H
PROTEKTORAT SACHALIN
ÄUSSERE MONGOLEI
INNERE MONGOLEI
TIEN-SHAN
TIEN-SHAN NAN-LU
CHING HAI
TIBET
REICH DER MANDSCHU
MOGULREICH
MYSORE
CEYLON
PHILIPPINEN
SULTANAT VON JOHOR
JAVA

sunnitischen Bevölkerung aufgezwungen, und schiitische Gelehrte aus Bahrain, Syrien und dem Irak wurden an den Hof in Isfahan gezogen, wo die religiöse und die weltliche Kultur aufblühten. Schah Abbas siedelte auch größere Bevölkerungsteile aus Provinzstädten nach Isfahan um, um hier ein kulturelles und wirtschaftliches Zentrum zu schaffen. Insgesamt wurden unter den Safawiden die heutigen Grenzen des Iran gezogen und die religiöse und kulturelle Identität des Landes klar festgelegt – ein deutlicher Kontrast zu der toleranten Heterogenität des Osmanischen Reiches. Die persische Literatur erreichte neue Höhepunkte. Da sowohl im Osmanischen als auch im Mogulreich (»Mogul« ist die persische Form von »Mongole«) persisch schon vor Gründung der jeweiligen Reiche die Sprache der Hochkultur geworden war, bildete der safawidische Iran gewissermaßen das Zentrum der islamischen Zivilisation. Aber nach dem Tod von Schah Abbas II. (reg. 1642–66) setzte der Verfall ein: Naturkatastrophen (Hungersnöte, Erdbeben und Seuchen) gepaart mit unfähigen Herrschern erzeugten ein politisches Vakuum, das die schiitischen Ulama, die Mullahs, ausfüllten, was den schiitischen Charakter der Gesellschaft noch verstärkte. Mit dem Versuch, die eigene Religion zwangsweise durchzusetzen, schafft man sich keine Freunde, und so überrannten aufgebrachte sunnitische Stämme aus Afghanistan 1722 das Reich und setzten der Herrschaft der Safawiden ein Ende. Die politische Einheit – und damit die unangefochtene Stellung der Schia – kehrte erst mit der Dynastie der Kadscharen (1794–1925) in den Iran zurück, unter deren Herrschaft der Iran in das Zeitalter der Moderne eintrat.

Ebenfalls aus Afghanistan unternahm im frühen 16. Jahrhundert ein Fürst namens Babur einen erfolgreichen Vorstoß nach Indien. Da Babur behauptete, sowohl von Dschingis Khan wie auch von Timur abzustammen, war zu erwarten, dass er Eroberungen unternehmen wollte. Das gelang ihm schließlich 1526, als seine Truppen den Sultan von Delhi schlugen. So begründete Babur eine Dynastie in Indien, die unter seinem Enkel Akbar (reg.

1556–1605) zum Mogulreich wurde, das in den nächsten 150 Jahren seine Territorien immer weiter ausdehnen konnte. Zur Zeit Aurangzebs (reg. 1658–1707) beherrschten die Moguln fast den gesamten indischen Subkontinent, außerdem Teile Irans und Zentralasiens; rund 100 Millionen Menschen lebten in dem riesigen Reich. Die überwältigende Mehrheit der Untertanen waren keine Muslime, aber auf allen Ebenen voll in die Gesellschaft integriert. Es herrschte eine nie dagewesene Toleranz: Die Kopfsteuer (Dschizya) hatte keine Geltung, die Mogulkaiser heirateten Hindu-Prinzessinnen, und selbst der muslimische Mondkalender wurde von Akbar zugunsten eines Sonnenkalenders abgeschafft. In der Mogulkultur verschmolzen islamische und indische Traditionen; es entstanden neue Formen und Stile in Malerei, Dichtung und Architektur. Die Pracht des Reiches lässt sich heute noch am Tadsch Mahal bewundern; der Begriff »Mogul« wurde zu einem stehenden Begriff für jemanden, der Macht und Reichtum besitzt.

Nicht alle Ideen Akbars wurden von seinen Nachfolgern weitergeführt. So gründete Akbar im Jahr 1581 die sogenannte »Religion Gottes« (*Din-i Ilahi*), die die vielen Wahrheiten aller ihm bekannten Religionen in einem System zusammenfassen wollte. Selbst Sufi-Missionare konnten ein solches Projekt nicht akzeptieren, ja die deutlichste Opposition gegen diese Häresie kam von dem Sufi-Führer Ahmad Sirhindi (1564–1624). Akbars Experiment überlebte ihn nicht, und schließlich führte das Übermaß an Toleranz gegenüber den Nichtmuslimen zu Exzessen der Intoleranz: Aurangzeb führte einen Dschihad gegen die Hindus, allerdings mit durchwachsenem Ergebnis. Zwar erreichte das Reich seine größte Ausdehnung, aber angesichts seiner Größe und der abnehmenden Zahl von Einwohnern, die zur Kooperation bereit waren, verfiel die Herrschaft der Moguln schnell. Schon 1725 hatten sie die effektive Macht verloren, auch wenn der Staat noch bis 1857 ein Schattendasein führte. Als 1803 die Halbinsel zwischen örtlichen Hindufürsten und den Briten verteilt wurde, erklärte ein Führer der Ulama in Delhi, dass Indien kein muslimisches Land mehr sei.

Warum aber kamen die Briten (und andere Europäer) nach Asien? Die kurze Antwort lautet damals wie heute: um zu kaufen. Ab dem 16. Jahrhundert versuchten zunächst kleine Nationen mit großen Schiffen (die Niederländer und die Portugiesen) und dann große Nationen mit großen Schiffen (die Briten und die Franzosen), die Kontrolle über die Handelswege in den Fernen Osten zu erlangen, um dort Gewürze und andere Waren direkt (und folglich billig) einzukaufen. Jahrhundertelang hatten muslimische Staaten und Gesellschaften von ihrer strategischen Lage profitiert und als Brücken zwischen Europa und Asien gedient. In der vormodernen Zeit kamen zu der zentralen geographischen Lage der muslimischen Welt noch ihre kulturelle Überlegenheit, ihre politische Organisation und ihre militärische Stärke hinzu, so dass die Muslime einen großen Teil Afroeurasiens dominierten, während die Europäer – vergleichsweise und bildlich gesprochen – gerade erst dabei waren, von den Bäumen zu klettern. Aber im 17. und verstärkt im 18. Jahrhundert fiel der Niedergang der großen muslimischen Reiche mit dem Aufstieg europäischer Imperien zusammen.

Im Ergebnis der industriellen Revolution erlangten die Europäer wichtige Produktions- und Kommunikationsvorteile, die Napoleonischen Kriege (1793–1815) richteten die industrielle Entwicklung auf militärische Ziele aus, die Französische Revolution mobilisierte große Teile der Bevölkerung, indem sie den Patriotismus und die Idee des Staatsdiensts förderte, und die Aufklärung schuf die wissenschaftliche Rechtfertigung für die angebliche Existenz einer Hierarchie von Kulturen, an deren Spitze selbstverständlich die europäische stehen sollte. Da die drei großen muslimischen Imperien weitgehend Landreiche waren, hätten sie selbst auf dem Gipfelpunkt ihrer Stärke nicht mit den europäischen Schiffen konkurrieren können, aber dieser Gipfelpunkt war überschritten. Die Moguln und die Safawiden verloren ihre Macht im frühen 18. Jahrhundert, und das Osmanische Reich überdauerte nur, weil es sich nach europäischen Vorbildern umgestaltete. Die gescheiterte Belagerung Wiens (1683) und die demütigenden Niederlagen im Russisch-Osmanischen Krieg von 1768–74 klärten die osmanischen Sultane darüber auf, dass sie den europäischen Mächten militärisch keineswegs überlegen, ja noch nicht einmal gleichwertig waren. Die Dezentralisierung des Reiches, die Parteienbildung bei Hof und weitere innenpolitische Schwierigkeiten trugen zu dem Eindruck bei, das Osmanische Reich sei der »kranke Mann am Bosporus«. Seit der Zeit Selims III. (reg. 1789–1807) versuchten die Sultane deshalb, ihre Macht durch innenpolitische Reformen zu festigen, die in der »Neuordnung« (*tanzimât*, 1839–76) des Reiches gipfelten. Weltliches Recht trat an die Stelle der Scharia, die Nichtmuslime wurden den Muslimen rechtlich gleichgestellt, und in den meisten Bereichen wurde die osmanische Verwaltung modernisiert. Der Autokrator (oder, wie er sich selbst sah, Kalif) Abdülhamit II. (reg. 1876–1909) ließ in dem (schrumpfenden) Reich ein Eisenbahnnetz errichten und investierte große Summen in Bauprojekte. Während frühere Sultane stolz die Errichtung von Moscheen und anderen religiösen Gebäuden finanziert hatten, waren Abdülhamits Projekte fast ausschließlich weltlicher Natur. Die umfassende Modernisierung war kostspielig; deswegen gerieten die muslimischen Staaten in Schulden bei den europäischen, die am Ende auf diesem Wege die politische Herrschaft über die muslimischen Länder erlangten.

Diese Entwicklung war jedoch keineswegs unvermeidlich, und in manchen Teilen der muslimischen Welt nahmen die Dinge denn auch eine ganz andere Wendung. Im 16. Jahrhundert drangen Beduinen aus der Sahara nordwärts in das marokkanische Kernland vor und begründeten eine Dynastie von Scherifen (Menschen, die behaupten, in direkter Linie vom Propheten Mohammed abzustammen), die von Marrakesch aus regierte. Seither wurde Marokko bis heute von Scherifendynastien beherrscht. Der Saadierdynastie (1554–1659) gelang es, die zuvor als militärisch unüberwindbar geltende Sahara zu durchqueren und das westafrikanische Songhai-Reich mit dessen legendärer Hauptstadt Timbuktu zu erobern (1591). Den Marokkanern gelang es auch, die spanischen und portugiesischen Truppen zurückzuschlagen (1578) und osmanischen Herausforderungen zu widerstehen. Indem man in der Folge Spanier und Briten gegeneinander ausspielte, konnte der unabhängige muslimische Staat bewahrt werden. Bis ins späte 19. Jahrhundert konnten sich die Scherifenstaaten die Europäer vom Leibe halten, und das Reich der Alawiden oder Zweiten Scherifendynastie (seit 1666) war weltweit der erste Staat, der die Unabhängigkeit der neu gegründeten Vereinigten Staaten von Amerika anerkannte. Doch selbst dieses Reich erlag schließlich dem Kolonialismus: 1912 errichteten die Franzosen ein Protektorat über Marokko, aus dem sich die Marokkaner erst 1956 unter Muhammad V. (reg. 1927–61) befreiten.

Die meisten muslimischen Gesellschaften hatten in den letzten tausend Jahren Fremdherrschaft kennengelernt, als Türken, Mongolen, Berber und – zu manchen Zeiten und in manchen Regionen – auch Araber von außen kommend herrschten und oft wenig Verständnis für lokale Traditionen und Belange zeigten. Drei Dinge aber waren es, die den europäischen Kolonialismus besonders unbeliebt machten: Zunächst einmal waren die Kolonialmächte, wie die Kreuzfahrer, nichtmuslimisch und entfalteten häufig eine direkte Konkurrenz zu den Muslimen in der Ausbreitung ihres Glaubens (ein Wettbewerb, den die Muslime meist gewannen). Anders als die Kreuzfahrer waren die Kolonialmächte aber überall präsent und ihr Handeln für fast alle Muslime spürbar. Zweitens entdeckten die muslimischen Gesellschaften in dieser Zeit Mechanismen des Widerstands gegen den Kolonialismus (neben dem Dschihad, dem einige folgten) und Alternativen zu diesem. Der Panislamismus, der Panarabismus und der Panturkismus folgten dem Vorbild nationaler Befreiungsbewegungen in anderen Ländern und erhöhten die Erwartungen der Muslime, dass die Herrschaft der Ausländer beseitigt und ihr Einfluss zurückgedrängt werden könnte. Drittens schließlich wurden mit der Verbreitung moderner Kommunikationsmittel und Medien die Tatsachen bezüglich der beiden oben genannten Punkte nah und fern bekannt.

Ab dem 19. Jahrhundert (und in bestimmtem Ausmaß auch schon früher) entstanden in verschiedenen Teilen der muslimischen Welt Bewegungen, deren Ziel es war, den »Islam« zu stärken und zu reinigen. Sie richteten sich gegen äußere Kräfte (den Kolonialismus), aber auch gegen innere (eine angeblich oberflächliche und synkretistische Praxis des Islam sowie gegen die Säkularisierung der muslimischen Gesellschaften und ihrer Herrscher). Obschon einzelne Bewegungen häufig ein bestimmtes Anliegen verfolgten, stimmten viele dieser Gruppen – und die meisten ihrer Anhänger – schließlich in ein gemeinsames Kriegsgeschrei ein, und die spezifischen Klagen lösten sich in dem allgemeinen Gefühl auf, die Dinge wären nicht so, wie sie sein sollten. Die angebotene Lösung bestand in einer Veränderung gemäß kompromissloser islamischer Leitlinien. Was diese Bewegungen besonders erboste, war, dass die muslimische Führung ihrer Meinung nach zu den Problemen und nicht zu ihrer Lösung beitrug. Die Denker und Aktivisten dieser Bewegungen bezeichneten sich selbst als Mudschaddids, das heißt »Erneuerer des Islam«, wir pflegen sie als »Islamisten« zu bezeichnen (ein Begriff, der allerdings viele andere Gruppen mit einschließt). Zwar werden die Wurzeln des Islamismus häufig auf Muhammad ibn Abd al-Wahhab (gest. 1787) zurückgeführt, aber im 20. Jahrhundert erlebte er mit der Gründung der Muslimbruderschaft in Ägypten (1928) durch Hasan al-Banna (gest. 1949) und der Jamaat-e-Islami (»Islamischen Gesellschaft«) in Indien (1941) durch Abul Ala Maududi (gest. 1979) eine tiefgreifende Veränderung. Die erstgenannte Bewegung wandte sich gegen ausländische Kolonialisten und einheimische Säkularisten, die zweite gegen die Briten und ihre hinduistischen Verbündeten. Diese Bewegungen internationalisierten sich schnell und hatten zahlreiche Nachfolger: Maududis Ideen beeinflussten beispielsweise den prominenten ägyptischen Islamisten Sayyid Qutb (gest. 1966), der selber der Muslimbruderschaft angehörte, und Mitglieder der Muslimbrüder gründeten 1987 die Hamas.

Obwohl der Kolonialismus als Schlüssel zum Verständnis der muslimischen Gesellschaften im 19. Jahrhundert gehört, spielt auch die Verbreitung des Buchdrucks in der gesamten muslimischen Welt während dieser Zeit eine weitgehend unterschätzte Rolle. Mit dem Druck entstanden unter anderem auch Zeitungen. Staatliche Zeitungen wurden in Ägypten (1824), in der Türkei und anderen osmanischen Provinzen (1831), im Iran (1837) und später auch anderswo begründet. Entscheidend war, dass die führenden islamischen Reformer Zeitungen herausgaben und durch sie ihre Ideen verbreiteten. Ideologen wie Muhammad Abduh (gest. 1906) und Dschamal ad-Din al-Afghani (gest. 1897) gaben eine kostenlose religiöse Zeitung heraus, in der islamistische und antibritische Ideen vertreten wurden und die überall in der islamischen Welt Leser fand (außer in Ägypten und Indien, wo die Briten sie verboten). Abduhs Schüler Raschid Rida (gest. 1935) gab fast vierzig Jahre lang die islamische Zeitschrift *al-Manar* heraus; durch sie fanden die Ideen seines Lehrers weite Verbreitung und auch seine eigenen Vorschläge zur Schaffung eines panislamischen Kalifats.

Eine unbeabsichtigte Folge der Druckschriften war außerdem die Demokratisierung der religiösen Autorität. In der Vergangenheit wurden die islamischen Lehren durch den persönlichen Kontakt mit den Ulama oder Sufi-Scheichs weitergegeben. Nur jene respektierten Lehrer, denen es gelang, durch religiöse Gelehrsamkeit und Reputation eine Anhängerschaft um sich zu scharen, konnten auch Einfluss ausüben. Mit der Verbreitung der modernen Medien (angefangen bei Büchern und Zeitschriften) konnte jeder, der Zugang zu der entsprechenden Technologie hatte, auf Millionen von Menschen wirken. Damit verloren religiöse Referenzen und die örtliche Reputation als Mittel zur Kommunikation an Bedeutung. Diese Entwicklung störte häufig die feine Balance zwischen den Ulama und den politischen Autoritäten, eine Balance, die damit aufrechterhalten wurde, dass man die Ulama kontrollierte oder die gefügigen ihrer Mitglieder auf Kosten populärer Sufi-Orden förderte. Das Bild verkomplizierte sich also durch das Auftreten von Islamisten, die wenig Verständnis für die meisten Sufis und verwestlichte muslimische Politiker aufbrachten (sowie für Ulama, denen man vorwarf, sich diesen verkauft zu haben).

All das belegt, dass es eine grobe Vereinfachung ist, den Islamismus als eine radikal ablehnende Reaktion auf den »Westen« und seine Lebensweise zu verstehen. Islamisten erwarben und benutzten schon immer sehr gern die Instrumente und Verfahrensweisen der modernen, westlichen Zivilisation, um damit ihr Anliegen zu fördern. Ayatollah Khomeini verbreitete seine revolutionäre Botschaft über Audiokassetten, und Al Kaida benutzt die modernen Kommunikationstechnologien, gibt Botschaften an Nachrichtenagenturen heraus, kommuniziert über Chat-Rooms im Internet und nutzt den Medienrummel um seine Taten voll zu Rekrutierungszwecken aus. Botschaften von Selbstmordattentätern und auf Webseiten verbreitete schauderhafte Videos, die die Enthauptung von Geiseln zeigen, sind weitere Beispiele für die klare Bereitschaft, von solchen Technologien zu profitieren. Auch im Bereich der Verfahrensweisen wurden westliche Vorstellungen von jenen übernommen, die sich vom westlichen Einfluss befreien wollen: Auch wenn man dem Panislamismus vormoderne Wurzeln zuschreiben kann, sind nationale Befreiungsbewegungen von Tschetschenien über Palästina bis nach Xinjiang Importe aus dem Westen. Ähnlich sind die antisemitischen Theorien, die weithin von Muslimen vertreten werden, die die Auswirkungen des Kolonialismus und Imperialismus (an denen, nach diesen Theorien, die Juden schuld sind) bekämpfen wollen, selber Produkte des imperialistischen Westens. In den muslimischen Gesellschaften waren diese Vorstellungen unbekannt, ehe (christliche) Araber sie im 19. Jahrhundert aus Europa importierten. Die überwältigende Mehrheit der Muslime, die islamistische Ideologien ablehnt, hat ihrerseits in wachsendem Maß moderne Technologien und westliche Ideen aufgenommen, und das mit interessanten Ergebnissen: Einige Vertreter dieser Gruppe haben (überzeugend) die Rolle der Muslime bei der Entstehung der modernen Naturwissenschaft, Medizin und Technologie nachgewiesen, andere (weniger überzeugend) den Versuch unternommen, »westliche« Ideen wie Demokratie, Menschenrechte und Gleichheit auf den frühen Islam zurückzuführen. Wenn das den Schluss nahelegt, dass die Muslime immer stärker verwestlichen, so zeigt es aber gleichzeitig auch, wie leicht sich Verwestlichung dem Islam anpassen lässt.

Schluss

Dies war also ein kurzer Überblick über die geschichtlichen Entwicklungen. Wie bei einem Überblick, der 1400 Jahre und drei Kontinente umspannt, nicht anders zu erwarten ist, war von vielen Herrschern, Schlachten, Daten und ähnlich klingenden Namen die Rede. Ich habe versucht, dabei die eigentliche Entwicklung des Islam in den jeweiligen Epochen nicht zu kurz kommen zu lassen, und möchte mich nun auf eine einzige Schlussfolgerung beschränken, die sich sowohl auf die politischen wie auch die religiösen Entwicklungen bezieht, die oben skizziert wurden.

Wenn nach den frühislamischen Eroberungen irgendwo ein Reich begründet wurde, musste die Ausbreitung des Islam als Religion einerseits und als politische Macht andererseits durchaus nicht zusammenfallen: In vielen Fällen kam der Islam gerade dann besonders gut voran, wenn die muslimischen Herrscher versagten. So gewann der Islam in der Zeit der europäischen Kolonialherrschaft mehr Konvertiten als in jeder anderen Epoche, und in der postkolonialen Periode nahm die geographische Verteilung der Muslime dramatisch zu – ohne die Briten in Indien und ohne die Franzosen in Nordafrika würden heute nur wenige Pakistani in Großbritannien und wenige Algerier in Frankreich leben. Und während die Bewegung der Deobandis als Reaktion auf die britische Kolonialherrschaft in Indien begann, kontrolliert sie heute fast die Hälfte aller Moscheen im Vereinigten Königreich, besitzt mehr als drei Viertel aller im Land ausgebildeten muslimischen Geistlichen und plant, in London neben dem Austragungsort der Olympischen Spiele von 2012 die größte Moschee Europas zu errichten. Wenn die geschichtlichen Trends weiterhin Gültigkeit haben, würden Versuche, ein weltweites Kalifat zu schaffen, selbst wenn sie erfolgreich wären, keineswegs zwingend zu einer entsprechenden Verbreitung des Islam führen. Wenn andererseits die demographischen und statistischen Trends anhalten, könnte – ohne dass es eines Kalifats bedarf – in gar nicht so langer Zeit ein Drittel der Menschheit muslimisch sein.

Kapitel 2
Völker und Kulturen

Große Teile der islamischen Geschichte, die wir oben betrachtet haben, wurden von denselben Faktoren bestimmt, die auch die Geschichte anderer Gesellschaften prägten, nämlich von geographischen Gegebenheiten und von der Ausbreitung von Technologien – vom Kamel bis zum Auto, vom Papyrus und Pergament zum Papier und weiter zum Druck. So hat sich der Hadsch, der ein auf Karawanen angewiesenes Ritual war, zu einem Unterfangen entwickelt, für das Flugzeuge eingesetzt werden. Und während die moderne Technik so vielen Muslimen wie nie zuvor die Möglichkeit gibt, die Pilgerfahrt nach Mekka zu absolvieren, hat sie gleichzeitig die Rolle des Hadsch als Mittel zur Verbreitung von Ideen, Waren, Nachrichten und zur Vermittlung des Gefühls, einer einheitlichen Umma anzugehören, abgeschwächt. Nun mag es durchaus interessant sein, zu erkennen, wie »neutrale« Entwicklungen »islamische« Institutionen wie den Hadsch beeinflussen, aber das konstituiert noch keine spezifische »islamische« Geschichte; es handelt sich vielmehr um Weltgeschichte an islamischen Beispielen. Was spezifisch an der islamischen Geschichte ist, sind die Völker – Araber, Perser und Türken –, die sie schufen, indem sie (unter anderem) die geographische Ausbreitung und die technologische Entwicklung in jeweils eigentümliche Richtungen lenkten.

Die Araber

Im Jahr 2003 veröffentlichte Robert Killroy-Silk, ein britischer Fernsehmoderator und Politiker, einen Artikel im *Sunday Express* mit dem Titel: »Wir schulden den Arabern nichts«. Darin behauptete er, die Araber seien wenig mehr als »Selbstmordattentäter, Verstümmeler [und] Unterdrücker der Frauen«. Wie zu erwarten, wurden der Artikel und sein Verfasser schnell verdammt, und der Muslim Council of Britain führte die Proteste an. Dass anstößige und verwerfliche Ideen auf Widerspruch stoßen, ist gewiss keine Überraschung. Überraschend ist in diesem Fall allerdings, dass der Widerspruch gegen einen Artikel über Araber in erster Linie von nichtarabischen Muslimen formuliert wurde. Obwohl die Tatsache weithin bekannt ist, dass die meisten Muslime keine Araber sind, besteht doch kein Zweifel, dass die Araber eine so zentrale Rolle in der islamischen Geschichte und Zivilisation spielen, dass »Araber« und »Muslime« regelmäßig sowohl von den Anhängern, als auch von den Kritikern des Islams vermischt werden.

Interessanterweise ist diese Vermischung aus dem Blickwinkel der sehr frühen islamischen Geschichte nicht ganz ohne Grund. Es ließe sich behaupten, dass der Islam als Religion eines auserwählten Volkes begann, die sich ausschließlich an Araber richtete: Im Koran heißt es (Sure 12,2 und 43,2), er sei in arabischer Sprache, »damit ihr vielleicht [seine Botschaft] begreift« – eine Aussage, die voraussetzt, dass die Zuhörer/Leser arabischsprachig sind. Überdies wurde die Bekehrung von Nichtarabern zum Islam von den Umayyadenkalifen normalerweise nicht begünstigt; wer aber konvertierte, wurde zum »Schutzbefohlenen« eines arabischen Stammes. Man musste, mit anderen Worten, ein Araber sein, wenn man ein Muslim sein wollte, zumindest ein Araber ehrenhalber. Und jahrhundertelang erklärten Juden in muslimischen Ländern (meistens in Persien), dass Mohammed tatsächlich ein wahrer Prophet sei, den Gott zur Verbreitung des Monotheismus gesandt habe, allerdings nur unter den heidnischen Arabern, die eines solchen Propheten bedurften. (Die heutigen persischen Juden vertreten diese Theorie übrigens nicht.) Ein Anhaltspunkt für diese Deutung findet sich im Koran (Sure 46,11), wo es heißt: »Aber vor ihm war das Buch Mosis, eine Richtschnur und eine Barmherzigkeit. Und dies ist ein Buch, das es in arabischer Sprache bestätigt [...]«.

Aber die Gleichsetzung von Arabern und Muslimen ist natürlich nicht die einzige Möglichkeit und gewiss nicht jene, die sich letztlich durchsetzte. Dennoch sind die Araber und ihre Kultur in vielerlei Weise für alle Muslime von zentraler Bedeutung. Die frühe Verbindung des Islam mit den Arabern und der lange bestehende (heute überwundene) Widerstand gegen das Übersetzen des Korans hatten zur Folge, dass nichtarabische Muslime gute Gründe hatten, sich zumindest die Grundlagen des Arabischen anzueignen. Es schadet dabei bestimmt nicht, dass Arabisch – selbst unter den Persern – als die Sprache Gottes betrachtet wird (wenngleich die meisten muslimischen Historiker die Meinung vertreten, Adam und Eva hätten Aramäisch gesprochen). Entscheidend ist, dass jeder, der die grundlegenden Werke des islamischen Rechts, der islamischen Theologie, der Korandeutung, der Hadithe, der islamischen Geschichtsschreibung usw. studieren will, eine gründliche Kenntnis des Arabischen benötigt. Da sich der Islam überwiegend in Regionen und in Zeiträumen verbreitete, in denen die Lese- und Schreibfähigkeit sehr beschränkt war, erfolgte die erste Alphabetisierung von Muslimen häufig in der Sprache Gottes.

In der Folge wurden daher auch nichtarabische Sprachen in einer Version der arabischen Schrift geschrieben, die auf die jeweiligen Besonderheiten dieser Sprachen abgestimmt war. Persisch, Urdu (Hindi in arabischer Schrift) und – bis vor relativ kurzer Zeit – auch Türkisch sowie eine ganze Reihe weiterer Sprachen benutzen bzw. benutzten das arabische Alphabet und enthalten zahlreiche arabische Lehnwörter. In den ersten Jahrhunderten der islamischen Geschichte verfassten alle Autoren, ungeachtet ihrer ethnischen Zugehörigkeit, ihre Werke in arabischer Sprache. Das Arabische ist in dieser Hinsicht mit dem Chinesischen vergleichbar, dessen über Jahrtausende gewahrte Stabilität es den chinesischen Gelehrten erlaubte, die Ideen ihrer Vorgänger kennenzulernen und auf ihnen aufzubauen. Dies hatte zur Folge, dass in diesem Sprachraum viele weltverändernde Entdeckungen gemacht wurden – vom Papier, dem Buchdruck, dem Kompass und dem Schießpulver bis hin zu Zaubertricks und zum Kung Fu. Als Sprache der Gelehrsamkeit, der sich auch Nichtmuttersprachler bedienten, erinnert das Arabische auch an die Rolle des Lateinischen im vor- und frühmodernen Europa. Die Verbreitung des Arabischen als Gelehrtensprache ermöglichte es Gelehrten, gleichgültig ob sie Muslime waren oder nicht, ihre Ideen über Grenzen und Generationen hinaus mit wahrlich beachtlichen Resultaten in vielen Wissensbereichen zu vermitteln. So wurde beispielsweise im 9. Jahrhundert unter Förderung des Kalifats ein beträchtlicher Teil des antiken griechischen Schriftguts ins Arabische übersetzt, während zur gleichen Zeit in Westeuropa weitgehend die Fähigkeit verloren gegangen war, sich dieses Erbe anzueignen. Erst durch die lateinische Übersetzung der arabischen Version der griechischen Texte entdeckte Europa viele dieser Werke und die in ihnen vermittelten Ideen schließlich wieder. Es wurde sogar behauptet – auch wenn diese Ansicht nicht weit verbreitet ist –, dass die Renaissance in der uns bekannten Form nicht hätte stattfinden können, wenn die Araber und ihre Sprache die arabische Halbinsel nicht verlassen hätten.

Richtig ist, dass die Schaffung einer islamischen Zivilisation nicht möglich gewesen wäre, wenn die Araber in Arabien geblieben wären, denn sie waren es, die den Nahen Osten, Nordafrika, die iberische Halbinsel und Zentralasien eroberten. Überdies schufen die Araber die politischen und ideologischen Fundamente, auf denen die Reiche der Umayyaden und Abbasiden errichtet wurden. Aber während die arabische Sprache und Kultur ihre Bedeutung für den Islam bis in die Moderne bewahrt haben, wurden die Araber selbst in mancher Hinsicht zurückgelassen: Selbst auf dem Höhepunkt der arabisch-islamischen Kultur im 9. und 10. Jahrhundert waren die meisten Kulturkoryphäen keine Araber. Al-Kindi (gest. 873) wurde als der »Philosoph der

Araber« bekannt, weil die meisten Philosophen eben keine Araber waren. Und ab dem 10. Jahrhundert lebten die Araber oft unter der Herrschaft von Nichtarabern; meistens handelte es sich dabei um persische, berberische oder türkische Muslime.

Nach dem Ersten Weltkrieg kam es mit dem Zerfall des Osmanischen Reiches zu einer allgemeinen Rekonfiguration der ethnischen und religiösen Elemente des Nahen Ostens, wobei verschiedene Gruppen versuchten, nationale und supranationale Identitäten herauszubilden. Während die Suche nach einer gemeinschaftlichen Identität mit dem Islam begann, der mit seinem Konzept der Umma eine vorhandene Einheitsidee aufwies, stand dem entgegen, dass viele arabische Intellektuelle Christen waren. Diese versuchten, statt einer »islamischen« eine »arabische« Identität zu fördern. Deswegen waren der arabische Nationalismus und der Panarabismus bewusst säkulare (häufig sozialistische) Bewegungen. Aufgrund des Scheiterns von Nassers panarabischem Experiment (1958–61), der Unfähigkeit der arabischen Staaten, Israel zu besiegen, und aus noch vielen weiteren Gründen haben islamische Ideologien wieder an Zuspruch gewonnen, die die arabische Einheit als einheitsstiftendes Element im Nahen Osten und darüber hinaus ablösen möchten.

In diesem Kontext verschwimmen teilweise die Grenzen zwischen Bewegungen, in deren Zentrum die arabische Nation und solchen, in deren Zentrum der Islam steht: Michel Aflaq (gest. 1989), ein führender arabischer Nationalist, erklärte beispielsweise, die größte Leistung der Araber sei der Islam und ihr größter Held sei Mohammed. Und das, obwohl Aflaq selbst ein Rum-orthodoxer Christ, also ein Angehöriger der Griechisch-Orthodoxen Kirche von Antiochia war. Aber darüber hinaus verstanden es Einzelpersonen und ganze Nationen, multiple Identitäten zu pflegen: Muammar al-Gaddafi trat gleichzeitig als Vorkämpfer der afrikanischen und der arabischen Einheit auf, einige Libanesen erkundeten ihre phönizischen und einige Palästinenser ihre kanaanitischen Wurzeln – die Beispiele ließen sich problemlos vermehren. Während zu Anfang der »Islam« und die »Araber« untrennbar waren – um Muslim zu sein, musste man Araber sein –, standen in der Mitte des 20. Jahrhunderts arabische und islamische Ideologien in direkter Konkurrenz um die Herzen und um die Köpfe der Völker im Nahen Osten. In der arabischen Welt haben dabei islamische Bewegungen ein Übergewicht erlangt, aber im Osten, im Iran, ist der Wettbewerb um religiöses oder ethnisches Zugehörigkeitsgefühl ein offeneres Rennen.

Die Perser

Die Araber und, wie wir sehen werden, auch die Türken verdanken ihre bedeutende Rolle auf der Weltbühne dem Islam. Für die Perser gilt das nicht. Die Perser besitzen eine lange und stolze Geschichte eigenstaatlicher Existenz, die bis in die Achaimenidenzeit (559–330 v. u. Z.) zurückreicht; als die arabischen Eroberer das Sassanidenreich (224–651) vernichteten, setzten sie einer rund zwölfhundertjährigen, nahezu ununterbrochenen Geschichte persischer Selbstbestimmung und politischer Autonomie ein Ende. Während der Aufstieg des Islam für Araber und Türken ein vollständiger Erfolg war, bedeutete er für die Perser einen gemischten Segen: Sie erhielten den Monotheismus und die eine, wahre Religion, verloren aber ihr Reich und ihre Unabhängigkeit. Zwar errichteten die frühen Muslime ihr Reich in früheren byzantinischen und sassanidischen Gebieten, aber die Sassaniden hatten den höheren Preis zu zahlen: Besiegte byzantinische Untertanen konnten in Teile des Reiches fliehen, die nicht erobert worden waren, und die christliche, griechische Kultur, die durch die Eroberungen entwurzelt wurde, konnte in die verbliebenen Länder des Byzantinischen Reichs verpflanzt werden. Hingegen verfiel das gesamte sassanidische Reich der Eroberung durch die Muslime. Zwar flohen einige Zoroastrier nach Indien (wo sie bis zum heutigen Tag als »Parsen« leben), aber die persische Kultur als ganze konnte nur in den Untergrund gehen. All das hatte kurzfristige, mittelfristige und langfristige Konsequenzen.

Kurzfristig leisteten die Menschen in Persien (und die geographischen Bedingungen) den arabischen Armeen erbitterten Widerstand, was bedeutete, dass in einigen Provinzen die Herrschaft des Kalifen nur nominell war und die Bekehrung zum Islam, die Besiedlung durch Araber und die Arabisierung nur oberflächlich erfolgten. In den meisten Regionen behielten persische Adlige einen bestimmten Anteil an Macht, und entsprechend dauerten auch persische Verwaltungstraditionen fort. Seltsamerweise betrachteten viele Perser die muslimische Eroberung nur als ein kurzzeitiges, umkehrbares Phänomen, und in den nächsten beiden Jahrhunderten traten eine Reihe von »Erlösern« mit dem erklärten Ziel auf den Plan, den vorislamischen politischen, gesellschaftlichen und religiösen Status quo wiederherzustellen. Einige moderne Historiker und sogar einige damalige Beobachter betrachteten (irrtümlich) verschiedene Ereignisse in der islamischen Geschichte als Beispiele persischer Loslösungsbewegungen, zum Beispiel die abbasidische Revolution, die Gründung Bagdads, den Aufstieg der Buyiden, Samaniden und Safawiden oder auch die Übernahme der Schia durch die Safawidenherrscher und ihre Untertanen. Eine derartige Interpretation der Ereignisse ist in jedem einzelnen Fall falsch, aber richtig in der Anerkenntnis der traumatischen Folgen, die der Aufstieg des Islam für viele Perser hatte.

Aber die Auswirkungen der Ankunft des Islam wurden nicht zurückgedrängt, vielmehr islamisierten sich mittelfristig die Perser und die persische Kultur. Das geschah am entschiedensten unter den Abbasiden, die sich, indem sie ihren Herrschaftssitz in den Irak verlegten, ihre Machtbasis aus den Trümmern der sassanidischen Institutionen errichteten. Aber nicht nur die Politik und die Verwaltung beruhten auf persischen Traditionen (wie zuvor die Herrschaft der Umayyaden in Syrien auf byzantinischen). Ein großer Teil der abbasidischen Zivilisation – die Literatur, die Geschichtsschreibung, die Theologie, das religiöse Schrifttum, die Koranstudien und selbst die arabische Dichtung und Sprachwissenschaft – wurde von Menschen geschaffen und dominiert, die ihre Werke zwar auf Arabisch schrieben, aber sich Gutenachtgeschichten auf Persisch erzählten. Die Perser waren sich ihrer kulturellen Dominanz ausgesprochen bewusst, und es entstand eine literarische Bewegung, die die persische Kultur förderte und die Araber daran erinnerte, wie sehr sie dieser verpflichtet waren. Sogar selbst das *al-Muqaddima* (siehe dazu unten S. 136) des großen Ibn Khaldun (gest. 1406), der im äußersten Westen der islamischen Welt lebte und schrieb, enthielt ein Kapitel mit dem Titel: »Die meisten Gelehrten des Islam sind Perser (*'ajam*)«.

Langfristig schließlich iranisierte sich die islamische Kultur, und das auch trotz gangbarer Alternativen. Dieser Prozess begann mit dem Aufstieg halbunabhängiger persischer Dynastien im Osten des Abbasidenreichs. Dort nahmen die Herrscher sassanidische Titel an, stellten Genealogien auf, die die sassanidischen Ursprünge ihrer Dynastien behaupteten, und – am wichtigsten – förderten die Literatur in persischer Sprache. Das vielleicht berühmteste Werk der persischen Literatur, das *Schahname* (»Buch der Könige«), wurde in samanidischer Zeit geschrieben und einem Ghaznawidenherrscher gewidmet. Das Epos erzählt die gesamte iranische Geschichte, soweit sie als bedeutsam angesehen wurde, angefangen von der Erschaffung der Welt. Bezeichnenderweise endet es abrupt mit der Niederlage der sassanidischen Heere im Kampf gegen die Muslime in der Schlacht von Kadesia (637).

Vor allem führte die Ausbreitung von Turkvölkern, Mongolen und Turkomongolen, die von außen in die islamische Welt hineinkamen und sich in ihr verbreiteten, zu einem Aufblühen der persischen Literatur, auch oder sogar insbesondere außerhalb des Iran. Persischsprachige Missionare spielten eine Vorreiterrolle bei der Verbreitung des Islams nach Osten – es ist kein Zufall, dass das religiöse Vokabular der chinesischen Muslime persische Wörter wie *namaz* (»Gebet«) gegenüber deren arabischen Synonymen (in diesem Fall: *salat*) bevorzugt. Perser hatten die türkischen Stämme, von denen die Seldschuken und Osmanen abstammten, zum Islam bekehrt; als diese im späten 10. Jahrhundert in die islamische Welt eindrangen, hatten sie also die Religion bereits, gefiltert durch persische Vermittlung, aufgenommen. Als die Seldschuken im Irak und Iran eine Dynastie begründeten, waren deren Verwaltungsaufbau und Literatur persisch. Und auch, als ihre Verwandten weiter nach Westen vordrangen, Anatolien besetzten und das Osmanische Reich begründeten, war das Persische die Sprache der Kultur.

Auch die Eroberungen der Mongolen und Timuriden trugen, trotz aller Verheerungen, zum Erfolg der persischen Sprache bei: Auf der einen Seite förderten die Mongolen im Iran, weil sie keine Bindung an das Arabische als religiöse Sprache hatten, persische Gelehrsamkeit auch in jenen Bereichen, die zuvor dem Arabischen vorbehalten waren. Auf der anderen Seite sahen sich führende iranische Gelehrte angesichts des durch die Eroberungen ausgelösten Chaos gezwungen, anderswo Sicherheit (und Förderung) zu suchen, vor allem im muslimischen Indien. Im Sultanat von Delhi und vor allem im Mogulreich waren die indo-islamische Literatur, die Künste (insbesondere die Malerei) und die Reichsverwaltung in Sprache und Form persisch geprägt, und einige der bedeutendsten Zeugnisse persischer Kultur entstanden im Reich der Großmogule. So war vom 11. bis ins 19. Jahrhundert (und in einigen Regionen noch länger) das Persische überall in der islamischen Welt die führende Sprache der Hochkultur. Selbst als es schließlich in Indien von Englisch und später Hindi und Urdu und in den Ländern des ehemaligen Osmanischen Reiches von Türkisch und Arabisch abgelöst wurde, war sein Einfluss immer noch auf vielen Ebenen spürbar. Die Urdu-Literatur folgt immer noch persischen Vorbildern, und

Wandmalerei an der ehemaligen US-amerikanischen Botschaft in Teheran. Das Bild suggeriert, dass es eine satanische US-amerikanisch-zionistische Verschwörung mit dem Ziel der Weltherrschaft gebe

modische Menschen aus dem Abendland vertiefen sich in die mystischen Schriften Rumis (gest. 1273), über den es heißt: »Er brachte ein (heiliges) Buch, obwohl er kein Prophet ist.« Zahlreiche westliche Kulturschaffende ließen sich von persischer Literatur anregen, darunter Goethe (*West-östlicher Divan*) und Puccini (*Turandot*).

Die Perser haben zweifellos eine Menge, worauf sie stolz sein können, ihre imperiale Vergangenheit in präislamischer Zeit und ihre führende Rolle in Kultur und Verwaltung in islamischer Zeit. Dass der Iran erst spät und nur indirekt unter westliche Vorherrschaft geriet, als 1907 das Land in eine britische und eine russische Einflusssphäre aufgeteilt wurde, sorgte dafür, dass der iranische Patriotismus nie entscheidend geschwächt wurde. Darüber hinaus trugen der Widerstand des persischen Volks gegen die Ausbreitung des Arabischen und die schiitische Identität des Iran jahrhundertelang zu dem Gefühl nationaler Einzigartigkeit bei.

Der damit verbundene Nachteil besteht in der gelegentlichen Neigung zu abwegigen (auch gefährlichen) Erklärungsversuchen, wenn einmal Irans Stellung in der Welt dem nationalen Anspruch und den nationalen Erwartungen nicht entspricht. Seit dem Beginn des 20. Jahrhunderts, als die ausländische Einmischung in die Geschehnisse im Land auf dem Höhepunkt war, kursierten immer wieder, selbst unter der politischen und religiösen Elite des Landes, Verschwörungstheorien, die die Leiden des Landes mit Geheimplänen der Russen, der Briten, der Amerikaner, der Kreuzfahrer/Christen, der Zionisten/Juden, der Freimaurer, der Bahais oder gar Satans erklärten.

Einige dieser Theorien sind allerdings weniger abwegig als andere: So inszenierte die CIA tatsächlich den Staatsstreich von 1953 gegen die iranische Regierung. Hingegen ist es grotesk zu behaupten, Ayatollah Khomeini sei ein britischer oder amerikanischer Agent gewesen, oder die Freimaurer hätten sich seit Anbeginn der Zeit verschworen, den Hellenismus (!) auf Kosten des Iran auszubreiten. Wahr hingegen ist, dass der Iran und die Perser einen prägenden Einfluss auf Gestalt und Gehalt der islamischen Zivilisation hatten. Diesen hätten sie aber in vielen Bereichen nicht ohne die Türken entfalten können.

Die Türken

Die Verwicklung der Türken in die islamische Geschichte steckt voller Überraschungen, und zwar fast ausschließlich angenehmer. Die erste Überraschung ist, dass sie überhaupt in sie verwickelt wurden. Im Verlauf ihrer vorislamischen Geschichte hatten die Turkstämme eine Reihe von Reichen (um 552–840, und in den westlichen Regionen der eurasischen Steppe bis ins 10. Jahrhundert) geschaffen und unterwegs diverse Religionen angenommen, darunter den Manichäismus, den Buddhismus, das nestorianische Christentum und das Judentum, aber auch traditionelle Formen des Schamanismus bewahrt. Überdies kamen die Turkstämme, anders als die Araber und Perser, nicht aus dem Vorderen Orient, sondern ihre ursprüngliche Heimat lag in der Mongolei. Als Nomaden der eurasischen Steppe hielten sie sich am Rand der sesshaften Zivilisationen, wanderten von Osten nach Westen und gründeten gelegentlich auch eigene Staaten. So unterhielt beispielsweise das Khaganat der Uiguren (744–840) enge Beziehungen mit China, tauschte Pferde gegen Seide (zu günstigen Bedingungen für die uigurischen Türken) und schloss gelegentlich auch Heiratsbündnisse mit chinesischen Herrscherfamilien. Wie für die Hunnen einige Jahrhunderte zuvor und für die Mongolen einige Jahrhunderte später war das eigentliche Ziel der Turkstämme China mit seiner Zivilisation: Hätten sie die Wahl gehabt, würden sie sich der sesshaften Welt dort angeschlossen haben und nicht in den Nahen Osten gezogen sein. So kamen Türken zuerst, um 820, gegen ihren Willen in die islamische Welt, und zwar als Militärsklaven.

Dabei muss man sich vor Augen halten, dass die »Türken« trotz bestehender ethnischer und sprachlicher Gemeinsamkeiten in zahlreiche, nur lose miteinander verbundene Gruppen zerfielen. Auch heute noch verteilen sich die miteinander verwandten, aber voneinander unabhängigen Turkvölker über ein großes Gebiet in Eurasien, das von der Türkei über das südliche Russland, den Iran und Zentralasien bis nach Ostturkestan im Westen Chinas reicht. Und während die ersten Türken als junge Sklavensoldaten in die islamische Welt gebracht wurden, kamen ihre Stammesverwandten später freiwillig, nachdem sie im späten 9. Jahrhundert von Kaufleuten und Sufi-Scheichs (die sie an die Schamanen ihrer eigenen Religion erinnert haben mochten) zum Islam bekehrt worden waren. Im Falle der Karachaniden Transoxaniens (reg. 992–1212) kam die islamische Welt zu den Türken. In den meisten anderen Fällen aber waren es die Türken, die in die islamische Welt kamen.

Die zweite Überraschung ist, dass die türkischen Sklavensoldaten (*ghulams*), die dem Kalifen gegenüber streng loyal waren und denen es an politischem Ehrgeiz fehlte, im Verlauf des 9. Jahrhunderts schnell zu den Beherrschern des Abbasidenhofs wurden und schließlich – von den Mamluken (Ghulams der Ayyubiden) im Westen bis zu den Ghaznawiden (Ghulams der Samaniden) und den Sultanen von Delhi (Ghulams der Ghuriden) im Osten – eigene Staaten gründeten. Von großer politischer Bedeutung waren jene Türken, die aus einer Position der Stärke heraus in die islamische Welt kamen: als Invasoren, die Macht und Vorrang auf die altmodische Art erlangten, indem sie diplomatisches Geschick, strategisches Denken, eine vereinheitlichende Ideologie und militärische Stärke vereinten und zu ihren Zwecken nutzten. Die Seldschuken, Osmanen, Moguln und Safawiden gehören allesamt in diese Kategorie. Als die Kalifen al-Mamun und al-Mutasim im 9. Jahrhundert begannen, türkische Sklavensoldaten in die islamischen Lande zu importieren, hätten sie es sich nicht im Traum einfallen lassen, dass die letzten

Personen, die das Kalifenamt bekleideten – der letzte osmanische Kalif wurde 1924 aus der Türkischen Republik ausgewiesen und das Amt abgeschafft –, ausgerechnet frei geborene Türken sein würden.

Tatsächlich lebten die meisten Muslime über ein Jahrtausend lang unter der Herrschaft oder Schutzherrschaft türkischer Dynastien. Es ist daher kein Wunder, dass türkische Begriffe und Verwaltungspraktiken der islamischen Geschichte (vor allem in der klassischen und der frühmodernen Periode) ihren Stempel aufgedrückt haben. Das modern-arabische Wort für »Stempel«, *damgha*, ist zum Beispiel ein alttürkisches Fremdwort (im Türkeitürkischen heute *damga*, ursprünglich *tamgha*), das in vorislamischer Zeit »Stammesbrandzeichen« und in der Zeit der Mongolenherrschaft »Gewerbesteuer« bedeutete. Die zufällige Reise dieses Wortes aus der antiken Mongolei in die moderne arabische Welt illustriert in nuce den Umfang und die Reichweite des türkischen Einflusses auf die islamische Geschichte.

Die dritte Überraschung (jedenfalls für die Geschichte, nicht für uns) ist, dass die Türken sich häufig entschieden, die persische Literatur auszubreiten und auszubauen und nicht die türkische. Dabei produzierten die Türken durchaus literarische Werke in ihrer eigenen Sprache: Die ältesten türkischen Dokumente stammen aus dem 8. Jahrhundert, und bis zum 11. Jahrhundert lagen islamisch-türkische Werke vor, von denen zwei – ein Fürstenspiegel von 1068 und ein arabisch-türkisches Wörterbuch von 1077 – weithin bekannt waren. Gleichwohl verließen sich die Türken in allem Literarischen ganz auf die Perser: In dem angeführten Wörterbuch aus dem 11. Jahrhundert findet sich zum Beispiel ein Sprichwort, dem zufolge »es keinen Türken ohne einen Iraner gibt, genauso wenig wie einen Hut ohne einen Kopf«. Seit dem 14. Jahrhundert und verstärkt ab dem 15. wurden dann an den türkischen Höfen literarische Werke im westlichen (osmanischen) und östlichen (tschagataischen) Türkisch verfasst. So verfasste Babur seine Memoiren auf Tschagataisch, obschon die

Hochkultur am Mogulhof persisch bestimmt war. Es bleibt jedoch eine Ironie der Geschichte, dass einer der Gründerväter der turksprachigen Literatur, Mir Ali Schir Nawa'i (gest. 1501), ein polemisches Werk über die Überlegenheit der türkischen gegenüber der persischen Sprache verfasste, dessen Wörter aber zu fast zwei Dritteln aus dem Persischen entlehnt sind.

Zwei weitere Überraschungen aus dem kulturellen Bereich sind die Tatsache, dass der Halbmond mit Stern, den man häufig mit dem Islam verbindet, tatsächlich alttürkischer (und nicht arabischer oder persischer) Herkunft ist, und dass die türkische Küche einen gewaltigen Einfluss auf die islamische (und andere) Zivilisationen hatte, sie im wahrsten Sinne des Wortes ernährte. Der Joghurt, die gefüllten Weinblätter (*sarma, dolma*), Kebab, Schawarma und viele andere bekannte Gerichte sind Schöpfungen der Türken (allerdings nicht der türkische Kaffee). Und falls die Legende zutrifft, dass Wiener Bäcker das Croissant zur Feier des Scheiterns der türkischen Belagerung der Kaiserstadt (1683) erfanden, dann verdanken wir – zumindest indirekt – sogar die Croissants den Türken.

Eine letzte Überraschung ist die Tatsache, dass die Türken, die lange Zeit vor allem wegen ihrer militärischen Stärke bekannt waren, gleichzeitig stets bemerkenswert tolerant und aufgeschlossen gegenüber anderen Kulturen und Religionen waren. Bei ihren Wanderungen durch die eurasische Steppe kamen die Türken, anders als andere Nomaden, in Kontakt mit zahlreichen nicht verwandten Kulturen. (Beispielsweise kamen die Araber bei ihren jahreszeitlich bedingten Wanderungen nach Norden, Süden und Osten – der Weg nach Westen war durch das Rote Meer abgeschnitten – nur mit Völkern in Verbindung, die sesshafte Stammesverwandte waren.) Aus diesem Grund existierte bei den Türken eine lange entwickelte Bereitschaft, Elemente anderer Kulturen in die eigene aufzunehmen. Dies zeigte sich nicht nur in der Übernahme der persischen Hochkultur, sondern selbst auf der Ebene der Schrift, auf der sie, nach verschiedenen anderen Schriftsystemen, schließlich wie andere muslimische Völker die arabische Schrift übernahmen. Aber die Fähigkeit zur Anpassung an geänderte Verhältnisse führte bei den Turkvölkern, anders als bei Arabern oder Persern, im 20. Jahrhundert schließlich in der Türkei, aber auch in Usbekistan, Turkmenistan und Aserbaidschan zur Übernahme des lateinischen Alphabets. In gewisser Weise haben es die Türken immer verstanden, zukunftsträchtige Entwicklungen zu erkennen und ihre Gesellschaft an diese mit der nötigen Flexibilität anzupassen. Beispiele dafür sind die Bekehrung zum Islam, die Übernahme des Persischen als Literatursprache, die Einführung des Schießpulvers (die eigentlich den eigenen kriegerischen Traditionen widersprach) und schließlich die Anpassung an die Moderne. Wenn Araber und Perser erklären können, sie seien zu stolz, um unter Druck von außen Traditionen aufzugeben, können die Türken darauf verweisen, dass die Übernahme und Aneignung der vorherrschenden Kultur – in diesem Fall: der Moderne – eben genau den eigenen Traditionen entspricht.

Schlussfolgerungen

Seit dem 9. Jahrhundert bezeichnen muslimische Juristen die islamische Welt als das »Haus des Islam« (*dar al-islam*). In einer Fortspinnung dieser Metapher (die aber in den Quellen nicht zu finden ist) ließe sich sagen, dass das Land, auf dem das Haus errichtet ist, von den Arabern erworben wurde, die auch die architektonischen Entwürfe lieferten und das Fundament legten. Die meisten Baumeister und die meisten Ziegel kamen aus Persien. In den meisten Jahrhunderten der islamischen Geschichte, nämlich vom 9. bis zum 19. Jahrhundert, waren Türken die Hausbesitzer (die auch den Speiseplan und die Fußmatte beisteuerten). Die Schiiten glauben seit langem, dass das Haus auf schwachen Fundamenten ruhe. Heute ist das Haus in einzelne Wohnungen von verschiedener Größe aufgeteilt. Seit dem 18. Jahrhundert wurden die Innenräume in westlichen Stilen eingerichtet, wobei in einzelnen Wohnungen starke Widersprüche zur traditionellen Gestaltung auftraten und hässliche Ecken entstanden. So können heute Islamisten erklären, die einzelnen Wohnungen seien nichts mehr als abgewohnte Hotelzimmer: Man müsse das gesamte Gebäude abtragen und als ein gemeinschaftliches Haus neu errichten. Anhand dieser ausgeführten Metapher lässt sich vielleicht verstehen, wie die verschiedenen, die islamische Geschichte bestimmenden Völker im Zusammenwirken eine Welt geschaffen haben, an der sie alle einen beträchtlichen Anteil haben und zu der sie alle, wenn auch auf verschiedene Weise, beitrugen.

Kapitel 3

Institutionen

Aus der Betrachtung der islamischen Geschichte erfahren wir, wie unterschiedlich die muslimischen Gesellschaften in verschiedenen Zeiten waren. Wir erfahren auch, dass sich die Geschicke der Muslime und des Islam je nach Zeit und Region unterschieden und dass sie sogar in einer einzigen bestimmten Zeit und Region durchaus veränderlich sein konnten. Aber auch wenn man sich auf eine bestimmte Zeit und einen bestimmten Ort beschränkt, gibt es immer noch mehrere Maßstäbe, nach denen die muslimischen Gesellschaften bewertet werden können: trotz allen Geredes über »goldene Zeitalter« – z. B. unter den rechtgeleiteten Kalifen, unter den frühen Abbasiden oder den Umayyaden Andalusiens – fielen die Bekehrung zum Islam, eine muslimische kulturelle Produktivität und die politische Herrschaft des Islam selten irgendwo zusammen.

Bis zu einem bestimmten Grad lässt sich die bemerkenswerte Vielfalt mit einem Blick auf die verschiedenen, die islamische Geschichte prägenden Völker erklären, die jeweils ihr eigenes kulturelles Gepäck mitbrachten. Der Zwang zur Kürze hat uns dabei einige (hoffentlich verzeihliche) Verallgemeinerungen aufgenötigt: Selbstverständlich sind nicht alle Türken aufgeschlossen und nicht alle Perser besonders stolz auf ihre altehrwürdige Kultur. Eine andere Möglichkeit, die Verschiedenheiten darzustellen und zu erklären, ergibt sich in der Untersuchung von Institutionen, die theoretisch allen muslimischen Gesellschaften gemein sind, während sie sich in der Praxis in den verschiedenen Regionen und Zeiten der islamischen Geschichte durchaus unterscheiden. Die drei hier vorgestellten Fallbeispiele sind die Moschee, der Dschihad und das Kalifat (oder Imamat). Erstere ist eine physische, das zweite eine religiös-juristische und das dritte eine zugleich physische und religiös-juristische Institution.

Die Moschee

In der ersten Folge von *Civilisation*, der berühmten britischen Fernsehserie zur Kunstgeschichte, führte Sir Kenneth Clark aus, Gebäude der griechisch-römischen Zivilisation zeigten

> »die gleiche Architektursprache, die gleiche Bildwelt. Ungefähr fünfhundert Jahre lang findet man überall im Mittelmeerraum – in Griechenland, in Italien, in Kleinasien, in Nordafrika, in Südfrankreich – die gleichen Theater, die gleichen Tempel. [...] Dieses Gebäude hier ist [...] ein kleiner griechischer Tempel, aber er hätte überall in der griechisch-römischen Welt gebaut worden sein können.«

Auch manche der frühesten Moscheen, die in den eroberten Provinzen errichtet wurden, zeigen architektonische Merkmale der griechisch-römischen Antike, aber mit ihnen sollte nicht signalisiert werden, dass die islamische Kultur die Erbin der klassisch-antiken Traditionen sei, sondern genau das Gegenteil. Die muslimischen Herrscher versuchten keineswegs, überall dort, wohin sie kamen, einen einheitlichen (griechisch-römischen) Baustil durchzusetzen; vielmehr ließen sich die Muslime von den örtlichen Traditionen beeinflussen und nutzten vorhandene Gebäude – oder, im Fall von Neubauten, verfügbare Baumaterialien und -techniken – für ihre Bedürfnisse. Daher beeinflussten griechisch-römische Traditionen die muslimische Architektur lediglich in den Provinzen, die zuvor dem Byzantinischen Reich angehört hatten.

Was braucht eine Moschee? Genau genommen, gibt es zwei Typen von Moscheen: die *Masdschid* (»Ort der Verehrung« – von diesem Wort ist über das spanische *mesquita* auch das deutsche Wort »Moschee« abgeleitet) und die *Dschami*, die »Freitagsmoschee« einer Stadt, in der sich die Gläubigen zum Gebet und zu anderen religiösen Handlungen versammeln. Als »Orte der Verehrung« brauchen Moscheen zuallererst einmal Gläubige und

Vorbeter. Selbst wenn einige Gläubige auch zwischen den Gebeten in der Moschee bleiben, dort vielleicht sogar essen oder schlafen, gehören die Menschen natürlich allenfalls zum Inventar, aber nicht zur Architektur einer Moschee. Das Gebäude selbst erfordert einen Bereich, in dem die rituellen Waschungen vor dem Gebet vorgenommen werden können (einschließlich eines Brunnens mit reinem Quellwasser), einen *Mihrab* (»Gebetsnische«) oder ein anderes architektonisches Gestaltungsmittel, um die *Qibla* (Gebetsrichtung gen Mekka) zu zeigen, sowie in der Regel, aber nicht immer, einen *Minbar* (Kanzel), von dem aus die Predigt gehalten wird, und schließlich ein Minarett, von dem aus die Gläubigen fünfmal am Tag zum Gebet gerufen werden.

Die größte Moschee der Welt ist, was niemanden überraschen wird, die al-Haram-Moschee in Mekka, die um die Kaaba herum errichtet wurde und zu der jedes Jahr Millionen von Muslimen pilgern. Als zweitgrößte gilt, was schon eher verwunderlich ist, die Hassan-II.-Moschee im marokkanischen Casablanca. Die in siebenjähriger Bauzeit (1986–93) von mehr als 6000 Werkleuten, die oft Tag und Nacht arbeiteten, fertiggestellte Moschee kann 25 000 Menschen unter ihrem Dach aufnehmen und besitzt das mit 210 Metern höchste Minarett der Welt. Das in jeder Hinsicht erstaunliche Bauwerk prunkt mit einem (teilweise über Wasser errichteten) Glasboden, mit einem Dach, das sich automatisch öffnen lässt, mit Laserstrahlen, die während nächtlicher Gebete gen Mekka weisen, mit beheizten Marmorböden, Automatiktüren, mit Decken, die Reliefs und ornamentale Malereien schmücken, sowie mit weißen Granitsäulen und Glaskandelabern, die aus Italien importiert wurden. Erstaunlich ist nicht zuletzt, dass die gesamten Baukosten in Höhe von 800 Millionen US-Dollar ausschließlich vom marokkanischen Volk aufgebracht wurden; selbst die Armen trugen ihr Scherflein bei.

Vom islamischen Recht her gesehen, sind Moscheen eigentlich unnötig. Alles, was ein Muslim zur Ausübung der Gebetspflicht benötigt, sind die nötigsten Utensilien für die rituelle Waschung,

Westafrikanische Moschee (Djenné, Mali)

Muslime in der Niujie-Moschee (Beijing, China)

eine saubere Fläche zur Niederwerfung und eine Vorstellung davon, in welcher Himmelsrichtung Mekka liegt. So kann man als Besucher überall in der muslimischen Welt große Gruppen von Männern sehen, die am Freitagmittag in den Straßen der Stadt ihre Gebetspflicht erfüllen. Warum werden dann trotzdem Moscheen errichtet? Und warum wendet man sogar so unvorstellbar hohe Summen auf ihre Errichtung? Auf die erste Frage gibt es eine Reihe von Antworten islamischer Juristen, bei denen vor allem die besondere Kraft des gemeinschaftlichen Gebets und die besondere Bedeutung heiliger Stätten wie Mekka und Medina hervorgehoben werden. (Für die Juden hat das Gebet an der Klagemauer auch eine besondere Bedeutung, obschon sie, wie die Muslime, glauben, dass Gott überall sei.) Die zweite Frage ist nicht so einfach zu beantworten. Zweifellos sind Moscheen mehr als nur Gebetssäle. Im Verlauf der Jahrhunderte haben Moscheen zwei weitere Rollen von großer historischer Bedeutung besessen. Zum einen sind sie ein Symbol des Triumphs und der Macht, das an Muslime und Nichtmuslime gleichermaßen gerichtet ist. Und zum anderen sind sie ein praktisches Mittel, um Ideen innerhalb der Umma weiterzugeben.

Als die Muslime Länder eroberten, konnten sie dort Moscheen an fast allen Stellen nach eigenem Gutdünken errichten. Insoweit das islamische Recht nichtmuslimische Kirchen und Tempel schützt (solange diese nicht muslimische überragen), hätten eigentlich die Stätten bereits vorhandener religiöser Gebäude als einzige von Muslimen nicht für den Moscheebau genutzt werden dürfen. Gleichwohl finden sich überall in der muslimischen Welt und vom 7. bis ins 21. Jahrhundert viele Moscheen, die einst Kirchen oder Tempel waren. Die al-Aqsa-Moschee und der daneben errichtete Felsendom wurden auf dem Tempelberg in Jerusalem erbaut; die Umayyaden-Moschee in Damaskus war zuvor eine dem Hl. Johannes geweihte Kirche (und davor ein römischer Tempel), und die Hagia Sophia in Konstantinopel wurde von Mehmet II. aus einer Kathedrale in eine Moschee, Istan-

Hassan II.-Moschee (Casablanca, Marokko)

buls Ayasofya, umgewandelt (und, um die Geschichte abzuschließen, 1935 dann noch einmal: in ein Museum). Es gibt Hunderte von Beispielen solcher Umwandlungen, aber auch zahlreiche Fälle, in denen sich die Umwandlung in umgekehrter Richtung vollzog: Während der Kreuzzüge wurden Moscheen (von denen viele ursprünglich Kirchen gewesen waren) zu Kirchen und dann, nach der endgültigen Vertreibung der Franken aus dem Heiligen Land (1291), wiederum zu Moscheen. Das gleiche Bild zeigt sich auch in Spanien: So wurde die Mezquita de Córdoba im 10. Jahrhundert auf einer Stätte erbaut, an der zuvor ein Tempel und dann eine Kirche gestanden hatten; in den 1230er Jahren wurde die Moschee im Zuge der Reconquista in eine Kathedrale verwandelt und ist das bis auf den heutigen Tag auch geblieben.

Der Bau einer Moschee war eine effektive Methode, um die

Spiralförmiges Minarett der Großen Moschee von Samarra (Irak)

Botschaft des Triumphs des Islam über andere Religionen zu verbreiten. Durch die Entfernung des prominentesten Wahrzeichens einer konkurrierenden Kultur im Stadtbild ließ sich deutlich signalisieren, dass sich die Machtbalance zuungunsten der alten Tradition und zugunsten des Islam verschoben hatte. Die meisten Menschen möchten zu den Gewinnern der Geschichte gehören, und darum folgte auf die Eroberung von Ländern und Territorien in der Regel der Übertritt vieler Menschen der örtlichen Bevölkerung zur neuen herrschenden Religion. Die triumphale Geste der Moschee konnte sich aber auch an die Muslime richten. Es sind zahlreiche Beispiele architektonisch außergewöhnlicher Moscheen erhalten, die einen besonderen Eindruck auf die örtlichen Muslime machen sollten. So ist es sehr wahrscheinlich, dass die irakischen Muslime des 9. Jahrhunderts die architektonische Form des Minaretts der Großen Moschee von Samarra, einer typisch mesopotamischen Lehmziegelkonstruktion in Gestalt einer altbabylonischen Zikkurat, mit alten nahöstlichen Traditionen göttlich legitimierter Monarchen assoziierten, die in den Himmel aufsteigen und direkt mit den Göttern sprechen konnten.

Seit frühester Zeit nutzten muslimische Herrscher Moscheen, um entfernten muslimischen Gemeinden wichtige politische Botschaften zu senden. Der örtliche Vertreter des Kalifen erreichte die Muslime, wenn diese sich freitags oder an religiösen Festtagen in der Dschami versammelten; bei solchen Gelegenheiten konnte er offizielle Botschaften verlässlich übermitteln. Während der wöchentlichen Gebete erklärten die örtlichen Gemeinden wiederum ihre Gefolgschaft zum Kalifen, indem sie dessen Namen in der *khutba* (»Predigt«) erwähnten. Eine Rebellion gegen den Herrscher ließ sich am leichtesten dadurch kundtun, dass sein Name in der Predigt fortgelassen oder gar durch den eines Rivalen ersetzt wurde. Die muslimischen politischen Führer der Gegenwart haben dieses Mittel zur Kommunikation mit ihrem Volk, wenn sie auf größtmögliche Breitenwirkung abzielen, heute weitgehend durch den Einsatz der modernen Massenmedien ersetzt. Statt ihrer nutzen heute Islamisten die Moschee zur Kommunikation mit den Gläubigen, da ihr Publikum ohnehin in der Regel aus Menschen besteht, die regelmäßig in die Moschee gehen, und außerdem die Moschee den Vorteil der Unverletzlichkeit bietet. Kein Politiker, auch nicht der entschiedenste Diktator, möchte sich einen Übergriff gegen eine Moschee zuschulden kommen lassen, so dass innerhalb ihrer Mauern auch Botschaften, die sich gegen das herrschende Establishment richten, straffrei verkündet werden können.

Die Moschee ist nicht nur ein Symbol für die Vielfalt des Islam, sondern auch für den »organischen« Charakter der islamischen Kultur. Die Moscheen in China muten chinesisch und nicht arabisch, syrisch, irakisch oder klassisch-antik an. Die Moscheen der Mogul-Ära und die des Osmanischen Reichs sind auf den ersten Blick unterscheidbar, obwohl sie, zumindest oberflächlich, Produkte derselben türkisch-islamischen Kultur sind. Aber die Moscheen der Moguls vermischen islamische und indische Stilelemente, jene der Osmanen islamische und byzantinische. Auch wenn mit der Errichtung von Moscheen der Sieg des Islam über andere Religionen verkündet werden sollte, stellte der Islam mit seinen Monumenten immer eine direkte Beziehung zu jenen der örtlichen religiösen Traditionen her. Während die Römer mit Brachialgewalt die architektonischen Traditionen anderer Kulturen zerstörten, waren sich die Muslime allezeit des jeweiligen örtlichen Kontexts bewusst und integrierten Merkmale der früheren Gesellschaften in ihre eigene, wobei sich oft eine einmalige Vermischung des alten und neuen Stils ergab. In gewisser Weise ist so der Islam (wenn auch unbeabsichtigt) die erste »wiederverwertende« oder »nachhaltige« Zivilisation mit einer langen Tradition der Wiederverwendung älterer Materialien und der zumindest überwiegenden Nutzung örtlicher Produkte und Traditionen. Das ist zwar sicher nicht der Grund, warum Hippies gerne Rumi lesen, aber gewiss auch kein Nachteil.

Zikkurat von Agarquf (Dur Kurigalzu, Irak). Diese Zikkurat wurde von den Kassiten (1531–1155 v. u. Z.) erbaut und vom irakischen Staat in den 1970er Jahren teilweise restauriert

Dschihad

Rumi lesende Hippies sind vom Dschihad weniger begeistert, aber auch der trifft zuweilen von unerwarteter Seite auf Verständnis: So erklärten der ehemalige israelische Ministerpräsident Ehud Barak und die britische Parlamentsabgeordnete Jenny Tonge, dass sie, müssten sie unter den Bedingungen leben, die die Palästinenser erleiden, zur »Selbstmordattentäterin« (Tonge) beziehungsweise »Mitglied einer terroristischen Organisation« (Barak) geworden wären. Wenn Barak und Tonge sich in ihren hypothetischen Überlegungen nicht gleichzeitig als heimliche Muslime verstehen, dürften sie sich darin täuschen. Zweifellos sind die Motivationen von Selbstmordattentätern komplex, aber um sich einer solchen Gruppe anzuschließen, müssen jedenfalls zwei Kriterien erfüllt sein: Die Person muss über etwas empört sein, und zweitens muss die Option, den Zorn durch Gewalttaten zu lindern, gegeben und gleichzeitig für die entsprechende Person als vertretbar und gerechtfertigt erscheinen. Im Fall der Palästinenser bietet die allgemeine Kategorie des Dschihad, auf den sich die Selbstmordattentäter berufen, die erforderliche Rechtfertigung. Das erklärt, warum die Tausende christlicher Palästinenser, die unter den gleichen elenden Bedingungen leben müssen (und Millionen nichtmuslimischer Inder und Afrikaner, die weit Schlimmeres erleiden), nicht auf dieses Mittel zurückgreifen. Selbstverständlich lässt sich die überwältigende Mehrheit aller Muslime nicht zu Selbstmordattentaten hinreißen, sympathisiert nicht damit und verurteilt derartige Attentate oft in scharfer Form. Nicht gewalttätige Interpretationen des Dschihad sind seit Jahrhunderten unter den Muslimen verbreitet. Tatsächlich ist die Institution des Dschihad ein ausgezeichnetes Beispiel für die große Vielfalt innerhalb der islamischen Geschichte, denn zahlreiche Herrscher, Gelehrte, religiöse Gruppen und ganze Gesellschaften interpretierten und interpretieren die Pflicht des Dschihad in ganz verschiedener Weise.

Oberflächlich betrachtet sollte es für diese konkurrierenden Interpretationen des Dschihad eigentlich kaum Spielraum geben, denn zum einen äußert sich der Koran dazu (wenn auch in religiöser Begrifflichkeit), und zum anderen ist »Dschihad« ein typisches arabisches Wort. Arabische Wörter bestehen aus einer konsonantischen Wurzel (in der Regel mit drei, manchmal auch vier Konsonanten). Diese wird in den entsprechenden Verbalstamm (von denen es eine Reihe gibt) eingefügt. Die Wurzel und die Verbalstämme haben beide eine Grundbedeutung. In unserem Fall hat die Wurzel *j.h.d* mit »Kampf« zu tun. Das Wort *jihad* ist ein Substantiv, das von dem dritten Verbalstamm abgeleitet ist, dessen Grundbedeutung »etwas mit jemandem / gegen jemanden tun« ist. *Jihad* bedeutet also wörtlich »Kampf gegen jemanden/etwas«. Der Koran sagt, dass dieses Kämpfen »auf dem Weg Gottes« erfolgen müsse und sich gegen »Götzendiener« (Sure 9,5) oder gegen »Schriftbesitzer« (Sure 9,29) richte, solange diese nicht bestimmte Bedingungen erfüllen. Demnach ließe sich als Grundbedeutung von *Jihad* der »religiöse Kampf gegen Polytheisten und (bestimmte Gruppen) anderer Nichtmuslime« angeben. Bleiben wir also einfach bei »Dschihad«.

So klar diese Begriffsbestimmung erscheinen mag, sie lässt aus einer Reihe von Gründen viele Deutungen zu (die sich oft auch widersprechen). Zum ersten beziehen Muslime ihre religiöse Unterweisung kaum je direkt aus dem Koran. Die Scharia wurde aufgrund der Analysen der Ulama formuliert, die die Suren des Koran mithilfe anderer Quellen des religiösen Rechts interpretierten und rationalisierten. Die meisten dieser Gelehrten erklären, Dschihad bedeute »Kriegführung zur Ausbreitung des Islam«, eine Definition, die wiederum verschiedene Interpretationen zulässt. Ging es bei der Ausbreitung des Islam um die Erlangung politischer Macht über andere (wie es beispielsweise die Römer und die Mongolen praktizierten) oder um die Gewinnung von Konvertiten (wie dies buddhistische oder christliche Missionare anstrebten)? Alle Gelehrten waren sich einig, dass beides anzustreben wäre: Die Bekehrung wäre das eigentliche Ziel, die Erlangung der politischen Macht ein Zwischenschritt hin zu diesem Ziel. Man war sich auch darüber einig, dass der Dschihad eine Pflicht für die Gemeinschaft als ganze darstellt; allerdings könnten einzelne Muslime, ungeachtet gemeinschaftlicher Bestrebungen, auch ihren eigenen Dschihad führen, um göttliche Gnade zu erlangen. Umstritten waren hingegen (unter anderem), gegen wen sich der Dschihad im einzelnen richten sollte, und unter welchen Bedingungen ein Dschihad zu führen sei. Apostaten vom Islam sind nach Ansicht aller ein legitimes Ziel, aber wie steht es mit Juden und Christen, Hindus, Heiden und – für viele Menschen im Westen ein entscheidender Punkt – mit Atheisten und Apostaten von anderen Religionen? Die meisten Autoritäten wählen eine recht großzügige Auslegung und erkennen einer großen Menge an Gruppen den Status »tolerierter Nichtmuslime« zu. Am anderen Ende des Spektrums betrachten manche Extremisten alle Nichtmuslime und sogar jene Muslime, die mit ihnen in einzelnen theologischen oder juristischen Fragen nicht übereinstimmen, als Ungläubige, die bekämpft werden müssten. Und einige Gelehrte meinen, dass der Dschihad auf muslimische Initiative erfolgen solle, während andere meinen, er sei nur als Reaktion auf Provokationen von außen zu führen.

Zum zweiten wird der Buchstabe des Gesetzes nicht überall und allezeit in der Praxis angewandt, wie jeder weiß, der auch nur einen Blick auf den Straßenverkehr wirft. Auch wenn sich alle muslimischen Gelehrten in allen Fragen einig wären, würde Verschiedenheit durch die örtlichen Gegebenheiten entstehen, und sobald erst einmal Präzedenzfälle geschaffen sind, setzen diese sich auch fort. So war es, einzig aus geographischen Gründen, beispielsweise für Herrscher in Anatolien, auf der iberischen Halbinsel oder in Indien leichter, die Gebiete des Islam auszuweiten, als für Herrscher auf der arabischen Halbinsel oder im Irak. In politischer Hinsicht wiederum ließen sich die Vorschriften aus Gesetzbüchern, die unter einem starken Kalifat verfasst worden waren, von einem schwachen Staat nicht umsetzen, so dass sich die Realität des Dschihad oft im Widerspruch zur juristischen Theorie befand.

Zum dritten führten die verschiedenen Zugangswege zur Religion, die sich im Lauf der Jahrhunderte herausgebildet hatten, ebenfalls zu vielfältigen Auslegungen des Dschihad. Seit dem 9. und verstärkt seit dem 10. Jahrhundert unterschieden viele Muslime – beeinflusst teils von quietistischen Richtungen (z. B. der Zwölferschia), teils von spirituellen Bewegungen (Sufismus) und teils aus Reaktion auf christliche Angriffe gegen den Anspruch des Islam, eine Religion des Friedens zu sein – zwischen zwei Formen des Dschihad. Die erste, der sogenannte »kleine Dschihad«, war die vertraute Verpflichtung, den Islam auf Kosten anderer Religionen auszubreiten, doch sollte dieser Dschihad nur zur Verteidigung geführt werden. Der zweite, »große Dschihad« bezeichnete die für alle Muslime gültige Verpflichtung, gegen die eigenen sündhaften Neigungen zu kämpfen. Obwohl diese Unterscheidung rückwirkend auf Mohammed zurückgeführt wurde, ist es aus den historischen Aufzeichnungen klar, dass die meisten Herrscher (und viele Muslime) diese Interpretation ablehnten. Wichtig war jedoch, dass diese Deutung von all jenen aufgegriffen werden konnte, die Gewalt sogar als Mittel zur Verteidigung verabscheuten, und dass – später – muslimische Apologeten darauf verweisen konnten, der Dschihad sei von jeher nie etwas anderes gewesen als eine Verteidigungsmaßnahme und der Kampf gegen das Böse, den jeder einzelne führen müsse.

Aber selbst wenn man sich schließlich auf eine bestimmte Interpretation der Pflicht zum Dschihad einigen würde – und sei es eine gemäßigte, nach der der physische Dschihad nur als Verteidigungsmaßnahme und niemals gegen unschuldige Zivilisten gerechtfertigt wäre –, ließen sich diese Begriffe immer noch in ganz verschiedener Weise verstehen. Diese gemäßigte Interpretation spricht zweifellos die überwältigende Mehrheit aller Muslime an, für die der Dschihad der persönliche Kampf gegen Versuchungen ist und die sich auf einen physischen Kampf nur einließen, wenn dieser durch eine Bedrohung des Islam provoziert würde. Und selbst in einer solchen Situation würden Unbeteiligte unbehelligt bleiben. Der interessante Punkt ist aber, dass Extremisten wie jene, die hinter den Angriffen auf die Londoner U-Bahn vom 7. Juli 2005 standen, ebenfalls wahrscheinlich dieser scheinbar gemäßigten Deutung zustimmen würden. Denn nach Ansicht jener Extremisten wird der Islam angegriffen (wofür als Beweis beispielsweise der kurzsichtige Gebrauch des Schlagworts vom »Krieg gegen den Terror« durch einige westliche Regierungen angeführt wird). Wegen dieses Angriffs sei ein Dschihad zur Verteidigung erforderlich; die Nichtkombattanten, die bei den Anschlägen zu Tode kamen, seien keineswegs unschuldig: In Demokratien trügen die Wähler die volle Verantwortung für das Handeln ihrer Regierung, im genannten Beispiel also für die – nach Ansicht dieser Extremisten – britische Aggression gegen Muslime im Irak und in Afghanistan.

Die Extremisten insistieren also darauf, dass die globalen Aktionen im Rahmen eines Dschihad eine Verteidigungsmaßnahme darstellten. Eine solche Interpretation macht den Dschihad unmittelbar für Muslime attraktiv, die sich durch irgendetwas bedroht fühlen: durch die westliche Kultur, durch die nichtmuslimischen Gesellschaften, in welchen sie leben, oder durch den Verlauf der Geschichte (von dem sie meinen, er gehe über sie hinweg, während ihre Ahnen einst die Welt beherrschten). Muslime, die sich in westlichen Ländern von Islamophobie bedroht sehen oder gar daran gehindert werden, den Islam zu praktizieren, könnten sich verpflichtet sehen, Bedingungen zur Aufrechterhaltung der Scharia zu schaffen, idealerweise, indem sie dort einen islamischen Staat errichten, wo es noch keinen gab. Für einige Islamisten (wie Osama bin Laden und seine Gefolgsleute) existiert nirgendwo ein akzeptabler islamischer Staat, weshalb es notwendig sei, gewaltsam aus dem Nichts ein Kalifat zu schaffen. Um Al Kaidas Dschihad zu begreifen, ist es daher erforderlich, sich mit der (ziemlich zweideutigen) Institution des Kalifats auseinanderzusetzen.

Das Kalifat oder Imamat

Viele, ja die meisten islamistischen Gruppen wollen ein Kalifat schaffen, einen panislamischen Staat unter Leitung eines »Kalifen«; für einige dieser Gruppen (z. B. Hizb ut-Tahrir, die – islamische – »Befreiungspartei«) ist dies sogar das einzige Ziel. Zwar würden wahrscheinlich viele Mainstream-Muslime theoretisch eine Erneuerung des Kalifats begrüßen, sie sind aber gleichzeitig überzeugt, dass eine Verwirklichung nicht ihre Aufgabe ist. Islamisten glauben, dass der Dschihad von der gesamten Gemeinschaft mit dem Ziel geführt werden müsse, die Grenzen des islamischen Staates auszuweiten. Da es aber zurzeit weder einen islamischen Staat noch eine islamische »Gesamtgemeinschaft« gebe, müsse das Ziel des Dschihad gegenwärtig sein, beide zu schaffen. Aber auch für jene Muslime, für die der Dschihad wenig mehr bedeutet als der Verzicht auf Schweinefleisch und unangemessene Computerspiele, kann das Leben in einem Kalifat ein Ideal darstellen. Nur unter der Herrschaft eines Kalifen könnten Muslime ihre religiösen Traditionen frei und ohne Rechtfertigungsdruck leben. Überdies würde das Kalifat die Umma vereinen und damit das gewaltige politische, militärische und wirtschaftliche Potenzial der muslimischen Welt entfesseln. Die Übel der modernen muslimischen Gesellschaften lassen sich nach Ansicht der Islamisten alle auf Spaltungen in der Umma zurückführen. Zu diesen Übeln zählen die künstlichen, von westlichen Mächten gezogenen Grenzen und die verschiedenen, allesamt schlechten und als Ergebnis westlicher Verschwörungen eingesetzten Regime, unter denen Muslime leben müssen. Durch die Einigung der Umma könnte ein Kalifat den Muslimen die führende Rolle in der Welt zurückbringen. Welcher Muslim könnte dagegen etwas haben?

Zweifellos keiner, doch besteht das Problem eben nicht darin, dass im Verlauf der Geschichte Muslime die Idee des Kalifats abgelehnt hätten, sondern dass sie sich nicht über dessen Gestalt und Details einigen konnten. Ironischerweise haben die Auseinandersetzungen über das Kalifat die Umma nicht geeint, sondern mehr als jede andere Idee oder Institution zu ihrer politischen und theologischen Zersplitterung beigetragen. Somit erweist sich das Kalifat geradezu als ein ideales Beispiel für die Vielfalt der muslimischen Gesellschaften und der islamischen Geschichte.

Mohammed starb 632. Seit der Errichtung des muslimischen Staates im Jahr 622 war er dessen religiöser und politischer Herrscher gewesen, und zweifellos musste nach seinem Tod jemand die Leitung übernehmen. Aber wer sollte das sein, und wer sollte diese Person auswählen? Eine Lösung war, dass sich die Ältesten der Gemeinde versammeln und den geeignetsten Kandidaten aus dem Stamm Mohammeds, den Koreischiten, küren sollten. Diese Ansicht vertreten die Sunniten, und tatsächlich wurden einige der frühesten Kalifen auf Grundlage einer solchen Beratung (*shura*) ins Amt berufen. Wenn nun aber Mohammed selber durch göttliche Eingebung zu seinen Lebzeiten einen geeigneten Nachfolger bestimmt hätte? Die Schiiten glauben, dass genau dies geschah und dass Ali der auserkorene Nachfolger war; nach ihrer Ansicht geht das Amt über die Generationen von einem Nachkommen Alis auf den nächsten über. Wie schon in Kapitel 1 erwähnt, konnten sich die Schiiten nicht immer über die genaue Erbfolge einigen, was zu weiteren Schismen führte. Und wenn sich Ali nun als ein enttäuschender Anführer erwies, wie dies die später als Charidschiten bezeichnete Gruppe dachte? Nach ihrer Ansicht sollte einfach der Fähigste, unbeschadet seiner Abstammung, das Amt bekleiden (und wenn Ali sich als ungeeignet erwies, wurde er eben getötet). Wieder andere meinten, dass die Fähigkeit des Führers, sich die Herrschaft über den Staat zu verschaffen, der entscheidende Faktor sei. Da Gott schließlich alle Dinge lenke und er die Macht in die Hände einer Person oder einer Familie gebe, ließe sich dagegen nichts einwenden. Dies war der Standpunkt der Umayyaden. Die Liste ließe sich noch stark erweitern, aber der entscheidende Punkt ist deutlich: Das Kalifat einte die Umma nicht nur nicht, sondern war vielmehr die Hauptursache der in ihr auftretenden Spaltungen. Statt die kollektive Macht der Umma zu entfesseln, sorgte das Kalifat im Verlauf der Geschichte immer wieder dafür, dass Muslime einen großen Teil ihrer intellektuellen und physischen Energien in inneren Kämpfen um diese Idee verbrauchten.

Unter den islamischen Gelehrten gibt es zudem eine große Reihe unterschiedlicher Meinungen über das Wesen dieser Institution. Welche Rolle hatte der Kalif oder Imam (letzterer Begriff wird in der sunnitischen Theorie und in der schiitischen Praxis verwendet)? Die politische Herrschaft über die Umma war eine Tatsache, doch wie stand es um die religiöse Führung? Einige, darunter die Umayyaden, die frühen Abbasiden und die Schiiten meinten, dass dem Kalifen oder Iman auch die religiöse Autorität gebührte. Diese Ansicht wird von der Tatsache gestützt, dass Unstimmigkeiten über die Eignungen des Kalifen zur Spaltung in Sekten und nicht in politische Parteien führten. Andere, darunter die Ulama und die Abbasiden nach der Abschaffung der Mihna (mit ein oder zwei Ausnahmen im 12. Jahrhundert), verwarfen diese Ansicht. Und was war zu tun, wenn man – wie die Schiiten – wusste, wer der rechtmäßige Kalif/Imam war, sich die politische Herrschaft über die Umma aber in falschen Händen befand? Sollte man warten, bis Gott die Herrschaft seinem Imam zurückgeben würde, oder unmittelbar gegen die falschen Herrscher vorgehen? Das Problem wurde für viele Schiiten gelöst, als ihr erwählter Imam im späten 9. Jahrhundert verschwand und sie sich dem Quietismus zuwandten. Andere Schiiten, deren Imame noch existierten, versuchten in der Regel aktiv, deren Ansprüche zu verwirklichen, besonders ausgeprägt unter den Fatimiden.

Ab der Mitte des 10. Jahrhunderts verlor das Kalifenamt stark an Prestige. In den Ländern der Abbasiden übten die schiitischen Buyiden die faktische Macht aus; der (sunnitische) Kalif war darauf reduziert, dieser Herrschaft Legitimität zu verleihen. Ungefähr um diese Zeit entstanden Gegenkalifate bei den Fatimiden und den andalusischen Umayyaden. Im 13. Jahrhundert wurde das Amt weiter entwertet, als die Mongolen das Abbasidenkalifat im Irak auslöschten und die Mamluken einen abbasidischen ›Schattenkalifen‹ in Kairo installierten. Und schließlich sanktionierte dieser machtlose Kalif auch die Übertragung des Amts auf andere, insbesondere die Osmanen (die sich nun gewiss nicht auf ihre Ahnenreihe berufen konnten, da sie ihre Herkunft nicht auf die Koreischiten, sondern, ganz wie die Römer, auf eine Wölfin zurückführten). Der abbasidische Kalif in Kairo ernannte sogar andere Kalifen, deren Amtszeit mit seiner eigenen übereinfiel: Im Jahr 1484 verlieh der mamlukisch-abbasidische Kalif den Titel eines Kalifen an Ali Ghaji ibn Dunama (reg. 1476–1503), den Herrscher von Bornu, nachdem er schon einige Jahre früher Askiya Muhammad (reg. 1493–1528), dem Herrscher des Songhai-Reiches, die gleiche Ehre erwiesen hatte.

Wollten die Gegner eines Kalifen seinen Anspruch auf Legitimität herabsetzen, so bezeichneten sie ihn in der Regel als einen »König«. Im Koran ist das Königtum Gott vorbehalten, während zu Mohammeds Lebzeiten ungläubige Herrscher wie der byzantinische »Augustus« bzw. »Basileus« oder der sassanidische »Schah« diesen Titel führten. Während in Persien alte Titel, darunter der des Schahs, schon ab dem 10. Jahrhundert wiederauflebten, beanspruchten muslimische Herrscher westlich des Iran erst unter abendländischem Einfluss den Königstitel für sich, als erster der Scherif Hussein (seit 1916 »König des Hedschas«) und sein Sohn Faisal I. (1920 König von Syrien; 1921–33 König des Irak). Bald gab es muslimische Könige in Ägypten, im Hedschas, dann im vereinigten Nedschd-Hedschas, das seit 1932 Königreich Saudi-Arabien heißt. Bald danach wurden auch Marokko, Libyen und Jordanien zu Königreichen. Für die Islamisten ist das ein weiterer Beweis für die »Vergiftung« der islamischen Länder durch den Westen; als besonders bitter wird empfunden, dass ein »König« über Mekka und Medina herrscht. So verwundert es nicht, dass Organisationen wie Hizb ut-Tahrir in Saudi-Arabien verboten sind.

Während der gesamten islamischen Geschichte haben sich immer wieder Männer zu göttlich erwählten Führern der Umma erklärt, ohne das Kalifenamt zu beanspruchen. Einige erklärten sich zu messianischen Rettern (Mahdis; der vielleicht berühmteste der vielen Anwärter war der Mahdi des Sudan, 1881–89), während sich andere darauf beschränkten, als religiöse Reformer zu wirken, darunter der Mogulsultan Akbar und Nadir Schah (reg. 1736–47), der persische Herrscher aus der Dynastie der Afschariden. Wieder andere kombinierten die Attribute verschiedener geistlicher Führer, so Wallace Fard Muhammad, der Gründer der Nation of Islam, der behauptete, der erwartete Mahdi zu sein, und den der spätere Führer der Gemeinschaft, Elijah Muhammad, sogar als Inkarnation Gottes bezeichnete. Gelegentlich war der heterodoxe Charakter der Ansprüche solcher Führer sogar für die flexible Struktur des Islam zu kontrovers, so dass separate Religionen entstanden wie die der Drusen oder der Bahai.

Wer das Bedürfnis hat, einmal im Leben einem Kalifen oder Imam zu begegnen, braucht nicht zu verzweifeln – Kalifen und Imame gibt es auch heute noch: Karim Aga Khan IV. zum Beispiel ist der gegenwärtige Imam der Nizari-Ismailiten, der 49. in direkter Abstammung von Ali, und Mirza Masrur Ahmad (reg. seit 2003) ist der Kalif der Ahmadiyya-Muslim-Gemeinschaft und fünfte Nachfolger von Mirza Ghulam Ahmad, der 1889 behauptete, der Mahdi zu sein, die spirituelle Wiederkehr des Jesus von Nazareth und ein Erneuerer (Mudschaddid) des Islam. Sowohl die Nizaris wie auch die Ahmadiyya-Gemeinschaft haben weltweit Millionen von Mitgliedern. Andere Kalifen, die über weit weniger Anhänger gebieten, tauchen immer einmal wieder auf, so Metin Kaplan (geb. 1952), der selbsternannte »Kalif von Köln«, der für seinen Versuch, die türkische Regierung zu stürzen und einen Kalifatstaat an die Stelle der türkischen Republik zu setzen, eine lebenslange Freiheitsstrafe in türkischen Gefängnissen absitzt (die inzwischen auf 17 Jahre und sechs Monate herabgesetzt wurde).

Bei all dem bleibt zu bedenken, dass selbst erfolgreiche Versuche, die Herrschaft über die Umma dem rechtmäßigen Kalifen oder Imam zurückzugeben, fast immer unter den Zwängen der Herrschaftsausübung letztlich zur Aufgabe der ursprünglichen Ziele und Ansprüche und zum Rückfall in eben jene Praktiken führen, gegen die sich diese Versuche in ihrer revolutionären Phase einst richteten. Dies ereignete sich bei den Abbasiden, Fatimiden, Almorawiden, Safawiden und bei zahllosen anderen

Dynastien der islamischen Geschichte und entspricht (wenn man politische Revolutionen mit einbezieht) einer allgemeinen Tendenz der Weltgeschichte. Die gegenwärtigen Aufrufe zur Wiedererrichtung eines Kalifats folgen vertrauten Mustern; welche Form aber ein zukünftiges Kalifat tatsächlich annehmen würde, lässt sich nicht voraussagen.

Kapitel 4

Die Quellen

Wie kommen wir zu unserem Wissen über die islamische Geschichte? Da die »islamische« Geschichte ein Zweig der Weltgeschichte ist, stehen Historikern, die sich mit der islamischen Welt befassen, mehr oder weniger die gleichen Methoden und Hilfsmittel zur Verfügung wie Historikern, die andere Gesellschaften erforschen. Selbstverständlich hat jeder Zweig der Geschichtswissenschaft seine besonderen Quellen, und ebenso selbstverständlich gibt es für bestimmte Regionen und Epochen bessere als für andere: In manchen Fällen besitzen wir nur wenige Quellen, die viel verraten, in anderen eine Überfülle an Material, das nicht allzu aussagekräftig ist.

In den Jahren 1977 und 1978 erschienen vier Bücher, in denen den Historikern des Islam bescheinigt wurden, sie täten ihre Arbeit schlecht. Edward Said geißelte in *Orientalism* [*Orientalismus*] die Islamwissenschaftler unter anderem dafür, dass sie ein Studienfach geschaffen hätten, das seinem Forschungsgegenstand gegenüber zugleich herablassend und kritisch eingestellt sei. John Wansborough (in den Büchern *Quranic Studies* und *The Sectarian Milieu*) sowie Patricia Crone und Michael Cook (in ihrem Buch *Hagarism*) hingegen hielten den Islamwissenschaftlern vor, sie verführen nicht kritisch genug (im Sinne von wissenschaftlich, nicht im Sinne von Ablehnung). In den letzten dreißig Jahren sahen sich die Forscher gezwungen, sich mit den in diesen Büchern vorgebrachten Ideen auch dann auseinanderzusetzen, wenn sie sie ablehnten und wiederlegen wollten.

Ganz allgemein formuliert, arbeiten Historiker mit zwei Textsorten: Primärquellen (Texten, die von Personen verfasst wurden, die in der Epoche oder Region lebten, die Untersuchungsgegenstand ist) und Sekundärquellen (also Texten, die von Personen stammen, die den gleichen Forschungsgegenstand bearbeiten). Saids Buch setzt sich mit Sekundärquellen auseinander und wird im folgenden Kapitel diskutiert werden; die Bücher von Wansborough und Crone/Cook behandeln Primärquellen und werden uns im vorliegenden Kapitel beschäftigen.

Unsere Quellen für die islamische Geschichte nach 1100 (vgl. die in Kapitel 1 vorgestellte Chronologie) sind überwiegend von der Art, die auch Historikern, die andere Gesellschaften erforschen, vertraut ist. Die Menschen, die in jenen Jahrhunderten lebten, schrieben viele Bücher über viele Themen; wenn wir diese Bücher lesen, können wir versuchen, die darin beschriebene Welt zu rekonstruieren und zu analysieren. Selbstverständlich wird ein sorgsamer Historiker vor irreführenden oder voreingenommenen Darstellungen auf der Hut sein (auch vor jenen Voreingenommenheiten, die nach Ansicht mancher alle Autoren unvermeidlich mitbringen). Davon abgesehen aber ist das Studium der islamischen Geschichte im wesentlichen mit dem Studium beispielsweise der europäischen vergleichbar. Tatsächlich handelt es sich bei einigen unserer Quellen für diese Epoche aufgrund der in Kapitel 1 dargestellten Ereignisse auch um Dokumente und Berichte von Europäern. So hinterließ Jean Chardin (gest. 1713) eine zehn Bände füllende Darstellung über seine Reisen von Frankreich in den Nahen Osten und in den Iran. In ähnlicher Weise kennen wir die Beziehungen zwischen dem Osmanischen Reich und dem Abendland sowohl aus westlichen wie aus osmanischen Quellen. Dasselbe gilt für die mediterranen Gesellschaften der unmittelbar vorausliegenden Epoche, in der Christen aus Südeuropa und Muslime aus Nordafrika und dem Nahen Osten in regelmäßigem Austausch standen und viele literarische und dokumentarische Spuren dieses Austauschs hinterließen, aus denen Historiker heute Nutzen ziehen können. In diesen Zusammenhang gehört auch eine der wichtigsten Quellen für die islamische Geschichte, die Geniza der Ben-Esra-Synagoge in Kairo. Diese Quelle ist ihrer Art und ihrem Inhalt nach ohne

Beispiel in den europäischen Gesellschaften und verdient daher, besonders hervorgehoben zu werden.

In der Geniza jener ägyptischen Synagoge wurden Ende des 19. Jahrhunderts rund 250000 Textfragmente entdeckt. Juden (wie auch Muslimen) ist es verboten, Dokumente, die den Gottesnamen enthalten, einfach wegzuwerfen. Aus diesem Grunde werden religiöse Schriften, die nicht mehr brauchbar sind (weil sie beispielsweise verschlissen sind oder irrelevant wurden), in sicheren Verwahrräumen untergebracht. Die Juden im fatimidischen Kairo scheinen diese Vorschrift auch auf Dokumente erweitert zu haben, die sich im allgemeineren Sinne mit Gott oder religiösen Fragen befassten, ja sogar auf solche, deren einziger religiöser Bezug die Verwendung der hebräischen (offenbar als göttlich betrachteten) Quadratschrift war. Da die Juden in den muslimischen Ländern in der Regel die Landessprache (z.B. Arabisch oder Persisch) verwendeten, diese aber in hebräischer Schrift schrieben, enthielt die Kairoer Geniza schließlich eine außerordentlich vielfältige Sammlung von Dokumenten über alle Aspekte des Lebens unter muslimischer Herrschaft im fatimidischen Ägypten, in Palästina und Syrien, aber auch in Südeuropa, in Nordafrika, im Jemen und in allen anderen Ländern, mit denen diese jüdische Gemeinde in Kontakt stand. Während die meisten anderen Quellen aus den muslimischen Ländern von Angehörigen der literarischen Elite verfasst wurden, berichten die Quellen der Geniza überwiegend vom Alltagsleben durchschnittlicher Menschen und vermitteln so einen detailreichen Einblick in die islamische Welt des 11. bis 13. Jahrhunderts. Amitav Ghoshs historischer Roman *In an Antique Land* [*In einem alten Land*] beruht auf diesen Dokumenten; Shlomo Dov Goiteins fünfbändige Untersuchung *A Mediterranean Society* bietet eine meisterliche Rekonstruktion und Analyse der Welt, in der die Verfasser der Texte der Geniza lebten. Das Korpus jener Texte ist für uns die wichtigste Quelle für die Alltagsgeschichte der damaligen islamischen Welt.

In der Epoche von 800 bis 1100, aus der viele der Dokumente der Geniza stammen, entstand aber auch eine gewaltige Zahl an Werken der Hochliteratur, die fast ausschließlich in arabischer Sprache verfasst wurden (bei den wenigen Ausnahmen handelt es sich um Werke aus dem östlichen Bereich in persischer Sprache). Bedingt einerseits durch die in Kapitel 1 behandelte technische Revolution der Einführung des Papiers und andererseits durch den notwendigerweise langwierigen Verlauf der Herausbildung derart komplexer und ausgefeilter Traditionen wurden in dieser Ära praktisch alle Werke verfasst, die für das klassische islamische Recht, die islamische Theologie, die Koran- und Hadith-Studien und eben auch – der hier für uns entscheidende Punkt – für die islamische Geschichtsschreibung von grundlegender Bedeutung sind; vor dieser Zeit wurden nur Verwaltungsdokumente regelmäßig schriftlich niedergelegt. Bezeichnenderweise wurden auch Werke, die früheren Autoren zugeschrieben werden, erst in dieser Ära der Schrift überantwortet. Mit an Sicherheit grenzender Wahrscheinlichkeit haben Muslime auch in der Zeit von 600 bis 800 bestimmte Dinge aufgeschrieben – das gilt für bestimmte Teile des Korans und für einige frühislamische Dichtungen, die sich aufgrund textinterner Merkmale (vor allem handelt es sich dabei um sprachliche Archaismen) als spätestens dem 8. Jahrhundert angehörig erweisen lassen; viel mehr ist aber nicht vorhanden. Ibn Ishaq (gest. 767) überlieferte seinen Schülern beispielsweise seine Biographie (*sira*) Mohammeds, und die Menschen lasen sie (in Mitschriften), diskutierten über sie und bearbeiteten sie. Ibn Ishaqs *Sirat Muhammad* ist nicht erhalten, wohl aber eine der späteren Überarbeitungen durch Ibn Hisham (gest. 833). Selbst die uns bekannte vorislamische arabische Dichtung ist uns nur in der Form erhalten, in der Autoren des 9. Jahrhunderts sie erinnerten. Die literarischen Quellen aus der Ära zwischen 800 und 1100 sind für uns sehr bedeutsam, weil sie Sachverhalte und Ereignisse überliefern, die der vorausliegenden Epoche angehören. Daraus ergeben sich, wie wir nun sehen werden, alle möglichen Fragen (und gelegentlich auch alle möglichen Antworten), die für das Studium der islamischen Geschichte von immenser Bedeutung sind.

Die Quellen für die Zeit von 600 bis 800 (und ihre Grenzen)

Im Jahr 1972 wurde im Jemen eine muslimische Geniza entdeckt, die Zehntausende Koranfragmente enthielt, von denen einige noch aus dem späten 7. und frühen 8. Jahrhundert stammen. Bis dahin waren die frühesten Zeugnisse von Koranversen die Inschriften am Felsendom in Jerusalem (um 692). Die frühislamische »Sprache« und Kultur ist uns zudem aus Tausenden von Dokumenten (überwiegend Papyri aus Ägypten) und Münzen aus dem 7. und 8. Jahrhundert bekannt. Die Papyri geben Einblick in die Verwaltung Ägyptens im ersten Jahrhundert der muslimischen Herrschaft, insbesondere darüber, wie der Aufstieg des Islam die Verhältnisse des Alltags veränderte oder auch nicht veränderte. Aus den gesamten Ländern des Kalifats sind Münzen in beträchtlicher Zahl überliefert, die uns etwas über Kalifen, Statthalter und Anführer kleinerer Rebellionen in entfernten Provinzen verraten. Die Daten der Regierungszeit eines Herrschers, die Titel, die er sich zulegte, und die Inschriften, die er auf die Münzen prägen ließ, liefern uns Einzelheiten über die politische Lage zu einer bestimmten Zeit an einem bestimmten Ort.

Aber selbst zusammengenommen vermitteln uns diese Quellen kein geschlossenes, detailliertes Bild der ersten hundert Jahre der islamischen Geschichte. Um ein solches zu erlangen, bleiben wir auf die voluminösen und entsprechend sehr detaillierten literarischen Berichte über diese Ära angewiesen, die (jedenfalls in ihrer heute vorliegenden Gestalt) erst aus der Epoche von 800 bis 1100 stammen. Der Koran verrät erstaunlich wenig über

Mohammed und den Aufstieg des Islam; Überlieferungen über Mohammed und seine Gefährten (die sogenannten Hadithe), Biographien Mohammeds (*sira*) und Berichte über die frühen islamischen Eroberungen (*maghazi*) füllen die Lücken aus. Die arabischen Chroniken sind sehr ausführlich und stellen die Informationen aus jenen anderen Quellen in einen größeren historischen Kontext; oft reichen die Werke von der Erschaffung der Welt bis ins 9. oder 10. Jahrhundert. Rein quantitativ stehen dem Historiker der islamischen Geschichte für diese Epoche mehr Quellen zur Verfügung als Historikern, die sich mit Westeuropa, dem Byzantinischen Reich, mit Indien oder China beschäftigen. Das ist so weit gut. Problematisch ist allerdings, dass diese Quellen mit historiographischen Fragen befrachtet sind, die (überwiegend, aber nicht ausschließlich) erst von modernen Gelehrten erkannt wurden.

Selbst wenn Autoren der abbasidischen Ära die erste Hälfte des 8. Jahrhunderts beschreiben (über die sie Kenntnisse aus erster Hand haben können), müssen ihre Darstellungen auf antiumayyadische Propaganda befragt werden. Diese Quellen sind nicht nur bewusst proabbasidisch, sondern sie legen zugleich (weniger bewusst) ihren Schwerpunkt auf den Osten, also auf den Iran und Irak und weit weniger auf Syrien, Ägypten, Nordafrika und die iberische Halbinsel (aus allen diesen Regionen stammen aber kleinere Werke von viel geringerem Einfluss). Diese Einstellung ist recht verständlich, denn warum sollten abbasidische, im Irak lebende Historiker persischer Abkunft (was für die meisten zutrifft) sich anders verhalten? Schließlich ist allgemein bekannt, dass die Geschichte von den Siegern geschrieben wird, und diese Sieger waren von Fragen nach politischer Korrektheit unbelastet. Jedoch sind die abbasidischen Quellen für die frühislamische Zeit noch aus anderen, weniger offensichtlichen Gründen problematisch.

Man stelle sich vor, ein Marsbewohner stünde vor der Tür: Die erste Hürde, um zu verstehen, wer er ist, woher und wes-

Gold-Tanka des Sultans von Delhi Qutb ud-Din Mubarak Shah I. (reg. 1317–1321). In der Bezeichnung der Münze als »Tanka« und in ihrer quadratischen Form verrät sich der Einfluss des vorislamischen Indien. Die arabische Inschrift, in der der Sultan als »Beherrscher der Gläubigen« und als »Kalif« angesprochen wird, ist hingegen unverkennbar islamisch.

halb er kommt, ist die sprachliche. Sobald wir seine Sprache gelernt haben, können wir ihn ausfragen. Aber wie sollen wir seine Antworten deuten? Dürfen wir annehmen, dass die Marsianer die gleichen Standards von Genauigkeit befolgen, die wir im Abendland anwenden? Und selbst wenn wir zu dem Ergebnis kämen, dass er sich unserer Standards bewusst und ehrlich bemüht wäre, ihnen zu genügen, können wir wirklich erwarten, dass er sich an die Umstände seiner Herkunft und Kindheit in allen Details erinnert und eine unvoreingenommene (und auch sonst unbeeinflusste) Meinung über seine Eltern, seine Familie und seine Freunde hätte? Und wie sollten wir mit den zahlreichen Widersprüchen umgehen, die wir in seinen Berichten möglicherweise entdecken?

In mancher Hinsicht ist der Umgang mit den literarischen

Quellen über die Frühzeit der Geschichte von Weltreligionen noch verfänglicher als die Deutung der Aussagen unseres hypothetischen Marsianers. Unser Verständnis beispielsweise des frühen Judentums und des frühen Christentums wird durch Probleme erschwert, wegen derer es schwerfällt, sich ein Bild von den Geschehnissen in der Periode zu machen, in der sich diese Religionen herausbildeten. Das größte Problem ist, dass praktisch keine verifizierbaren zeitgenössischen Quellen existieren und dass die existierenden Geschichten theologisch, spirituell und politisch dermaßen aufgeladen sind, dass Skepsis hinsichtlich der dargebotenen Version der Ereignisse angebracht ist, weil diejenigen, die sie erzählten, möglicherweise von dieser Darstellung profitierten.

Das Studium des frühen Islam steht ebenfalls vor genau diesen Problemen. Auch wenn wir zunächst einmal die Annahme zugrundelegen, dass unsere späteren Quellen genau berichten (eine Annahme, die später noch eingehender überprüft werden soll), bleiben immer noch zwei miteinander zusammenhängende Fragen: Zum einen können die Berichte widersprüchlich sein; sie überliefern in einigen Fällen bis zu einem Dutzend unvereinbarer Versionen eines einzigen Ereignisses. Zum zweiten beziehen sich die Darstellungen für gewöhnlich auf politisch und religiös aufgeladene Themen wie zum Beispiel auf das Recht einer bestimmten Gruppe auf finanzielle Förderung durch den Staat (eine Vorreiterrolle beim Übertritt zum Islam oder die Beteiligung an den frühen Eroberungen hatte für viele Muslime finanzielle Vorteile) oder auf die korrekte Durchführung muslimischer Rituale (wenn eine historische Darstellung berichtet, Mohammed oder seine Gefährten hätten bestimmte Dinge auf eine bestimmte Weise getan, dann konnte dieses Verhalten als rechtlich bindender Präzedenzfall angesehen werden). Eine Darstellung, die uns als »säkular« erscheint, könnte tatsächlich weitgehend von religiös-juristischen Fragen geprägt sein. Aus diesem Grunde gab der große Historiker at-Tabari (auf den wir weiter unten zurückkommen) mehrere Versionen desselben Ereignisses wieder, ohne seine eigene Meinung zum Ausdruck zu bringen: Um als Historiker nützlich und unparteiisch zu sein, beschränkte er seine Aufgabe auf die Darstellung der vorhandenen Optionen und überließ es seinen Lesern, sich für eine ihnen gemäße Version zu entscheiden. Moderne Gelehrte haben nachgewiesen, dass viele unvereinbare Hadithe oder historische Berichte (*akhbar*) im Rahmen von juristischen Debatten verschiedener örtlicher Schulen und deren Mitgliedern geschaffen wurden. Das erklärt, warum at-Tabari in seinem umfangreichen Werk so viele Versionen bestimmter Ereignisse verzeichnen konnte.

Überdies darf keineswegs als selbstverständlich vorausgesetzt werden, dass ein Text eine eindeutige Bedeutung besitzt, sobald er sprachlich verstanden wird. Zwar ist das Arabische des 9. Jahrhunderts dem Arabischen des 19. Jahrhunderts weit ähnlicher als beispielsweise das Angelsächsische dem modernen Englischen, aber das Verständnis der Wörter garantiert nicht ein daraus folgendes Verständnis der geschilderten historischen Fakten. Gelehrte wiesen nach, dass die arabischen Berichte über jene Epoche (insonderheit die über Mohammeds Leben und die frühen islamischen Eroberungen) mit Topoi gesättigt sind. Ein Topos ist ein literarisches Stereotyp, das eine Aussage macht, aber nicht wörtlich zu verstehen ist. Wenn beispielsweise ein kleines Mädchen prahlt: »Mein Papi ist zehnmal so stark wie Emmas Papi«, dann wissen wir, dass in 99 % aller Fälle – was übrigens auch ein Topos ist – das Mädchen keineswegs eine Messung vorgenommen und ein Stärkeverhältnis von 10:1 zugunsten des eigenen Vaters festgestellt hat. »Zehnmal« bedeutet hier also nicht mehr als »viel«. Ein Beispiel für einen Topos aus den frühislamischen Quellen ist die Aussage, Mohammed habe seine ersten Offenbarungen im Alter von vierzig Jahren empfangen. Nun würde allenfalls ein revisionistischer Phantast behaupten, dass Mohammed vor seinem vierzigsten Lebensjahr gestorben sei, also ist klar, dass er in diesem Lebensjahr bestimmte Dinge getan oder erlebt haben muss. In dieser Hinsicht gäbe es also keinen Grund, diese Aussage in der Sira zu bestreiten. Gelehrte, die mit den nahöstlichen Kulturen und Sprachen der Jahrhunderte vor und nach der Entstehung des Islam vertraut sind, wissen jedoch, dass »im Alter von vierzig Jahren« ein Topos für »spirituelle Reife« ist. Die Aussage, Mohammed habe seine ersten Offenbarungen mit vierzig Jahren empfangen, besagt also nicht, dass er wirklich genau vierzig, sondern dass er ein spirituell gereifter Mann war. Die Erkenntnis, dass »vierzig Jahre« ein Topos ist, ist harmlos und unverfänglich, weil sie keine Auswirkungen auf islamische Glaubensüberzeugungen und Rituale hat. Moderne Forscher haben in den Berichten über Mohammeds Leben und insbesondere über die frühen Eroberungen Dutzende derartiger Topoi bestimmt. Auch wenn diese Tatsache unser Verständnis der islamischen Geschichte gewiss nicht zerstört, so bringt es doch ein übergroßes Vertrauen in die Brauchbarkeit dieser Quellen ins Wanken. Mit anderen Worten ist das, was diese Quellen wörtlich mitteilen, nicht immer auch das, was sie aussagen; um sie vollkommen zu verstehen, müssen wir sie im Kontext der nahöstlichen Sprachen und Literaturen seit der Spätantike studieren. Und diese Forschungsarbeit steckt noch in den Kinderschuhen.

Überdies fand man heraus, dass die frühen arabischen Quellen über das erste Jahrhundert der islamischen Geschichte im weiteren Kontext der Textgattung verstanden werden müssen. Um den Wert eines bestimmten Berichts oder eines bestimmten Werks abzuschätzen, zahlt es sich aus, ältere oder jüngere Darstellungen zum gleichen Thema zur Kenntnis zu nehmen. Bei Untersuchungen zu dieser Frage stellte sich heraus, dass frühe arabische Quellen, die auf mündlich überlieferten Erzählungen beruhen und den Aufstieg des Islam behandeln, umso umfangreicher werden, je weiter sie von dem behandelten Zeitraum entfernt sind – aufgrund der Erfahrung mit Erinnerungen und Erzählungen sollte man eigentlich das Gegenteil annehmen. Diese Feststellung gilt für Einzelheiten über das Leben Mohammeds sowohl in den Biographien (Sira) wie auch in den Sammlungen der überlieferten Aussprüche des Propheten, den Hadithen. In einem Werk des späten 8. Jahrhunderts ist beispielsweise zu lesen, Ibn Abbas habe zehn Hadithe überliefert, während ihm im 9. Jahrhundert die Überlieferung von 1710 Hadithen zugeschrieben wurde. Die ihm ursprünglich zugeschriebenen zehn können durchaus in der größeren Zahl enthalten sein, aber wie kann man sie erkennen?

Um diese Frage zu beantworten, haben Gelehrte Methoden entwickelt, um die ihrer Ansicht nach authentischen Berichte und Hadithe aus den später erfundenen auszusieben. Bevor wir uns jenen zuwenden, muss darauf hingewiesen werden, dass die Debatte über die Authentizität unserer Quellen für die frühe islamische Geschichte oft als eine Auseinandersetzung zwischen Gläubigen, die den Quellen vertrauen, und Ungläubigen, die das nicht tun, dargestellt wird. Aber das ist aus einer ganzen Reihe von Gründen falsch. Wir werden hier und im folgenden Kapitel erfahren, dass es Nichtmuslime gab und gibt, die die frühen Quellen für bare Münze nehmen, und dass es andererseits Muslime gibt, die sie mit den Methoden der gelehrten Kritik prüfen. Tatsächlich wurde dem »kritischen« Umgang mit den Quellen von den Muslimen des 9. Jahrhunderts der Weg bereitet. Die Bestimmung von Fremdwörtern im Koran, die moderne Muslime als ein feindliches, »orientalistisches« Unternehmen angreifen, wurde tatsächlich von den muslimischen Lexikographen der abbasidischen Epoche begonnen. Noch entscheidender ist, dass der Prozess der Auslese der kleinen Zahl authentischer Hadithe aus der großen Masse erfundener ebenfalls von Muslimen begonnen und weitergeführt wurde. So soll al-Buchari (gest. 870), der Kompilator einer der sechs Hadith-Sammlungen, die (bei den Sunniten) in kanonischem Ansehen stehen, seine rund 7400 »gesunden« Hadithe aus einem Korpus von 600 000 Sprüchen ausgewählt haben. Ungefähr zwei Drittel der 7400 Hadithe enthalten Wiederholungen, so dass sich die tatsächliche Zahl der

Mohammed zugeschriebenen Handlungen und Aussagen auf weniger als 3000 reduziert. Moderne, skeptische Forscher machen um diese statistischen Werte viel Aufhebens, übersehen aber, dass »600 000« einfach ein nahöstlicher Topos für »eine große Gesamtmenge« ist (vgl. 2 Mose 12,37). Gleichwohl machten die 7400 Hadithe zweifellos nur einen Bruchteil des Korpus aus, der al-Buchari vorlag. Wie gelang es ihm (und seinen Kollegen), die richtige Auswahl zu treffen?

Der *Isnad* – die Traditionslösung

Um authentische Hadithe von zweifelhaften zu sondern, erfanden die Muslime des 8. und 9. Jahrhunderts die *Isnad*-Analyse und wendeten sie an. Jeder Hadith (und auch die frühen historischen Quellen) bestehen aus zwei Teilen: dem *matn*, einer Aussage über etwas, das Mohammed oder eine andere Autorität der Frühzeit gesagt oder getan hat, sowie einem *isnad*, einer »Kette der Autoritäten«, einer Art »Fußnote« des Nahen Ostens, die mitteilt, wie der Bericht uns erreicht hat. (Also z.B.: at-Tabari hörte es von X, dieser es von Y, und Y es wiederum von Z, der ein Augenzeuge des Ereignisses war.) Die Isnad-Analyse wurde so ernsthaft betrieben, dass ein ganzes Genre an biographischer Hilfsliteratur entstand, mit der herausgefunden werden sollte, ob die einzelnen Glieder in der Kette des Isnad verlässlich und die Übertragung von dem einen auf den anderen Zeugen wahrscheinlich war. Diese biographischen Lexika haben einen gewaltigen Umfang; für dieses Genre gibt es in anderen historiographischen Traditionen praktisch keine Parallele. Für die meisten Muslime sind daher die Probleme der Quellen zum frühen Islam auf die folgende Weise gelöst: Eine Methode (die Isnad-Analyse) wurde entwickelt, dann wurden Hilfsmittel (die biographischen Lexika) geschaffen, die es den Gelehrten ermöglichen, die Methode anzuwenden. Im nächsten Schritt trennten vertrauenswürdige Gelehrte (im Fall der Hadithe unter Leitung von al-Buchari und fünf anderen; bei den historischen Chroniken at-Tabari und andere) die echte von der falschen Überlieferung, weshalb wir heute genau wüssten, was Mohammed sagte und tat und wie sich die frühe islamische Geschichte im einzelnen entwickelte.

Ein großer Teil dieser Forschungstätigkeit verdankt sich, zumindest indirekt, einem Gelehrten namens asch-Schafi'i (gest. 820). Vor ihm war das islamische Recht lokal gebunden; einzelne Regionen hatten ihre eigenen Traditionen und beriefen sich auf eigene juristische Autoritäten. Die frühesten Hadithe wurden auf die führenden Juristen der jeweiligen regionalen Traditionen zurückgeführt. asch-Schafi'i erkannte, dass diese Verschiedenheiten gefährlich für den Zusammenhalt der Umma waren, und führte zwei Regeln ein, die von allen Rechtsschulen akzeptiert wurden: Nur Hadithe, die auf Mohammed zurückgeführt werden könnten, sollten anerkannt werden (wodurch eigenwillige, örtliche Regelungen ausgeschlossen wurden); und diese Hadithe müssten befolgt werden (interessanterweise sogar dann, wenn sie scheinbar dem Koran widersprechen, weil die Aussprüche Mohammeds als ein göttlich inspirierter, »lebendiger Kommentar« des Korans gelten). In der Nachfolge asch-Schafi'is begannen verschiedene örtliche Schulen, Hadithe mit »gesundem« *isnad* zusammenzustellen, so dass schließlich die sechs Sammlungen entstanden, die für die Sunniten kanonische Geltung haben. (Bei den Schiiten ist das Verhältnis zwischen den Hadithen und dem schiitischen Recht viel einfacher, da von Anfang an den Imamen zugeschriebene Hadithe ohne größere regionale Abweichungen überliefert wurden.)

Die modernen Gelehrten erkennen Probleme in der Isnad-Analyse und bei deren Resultaten, weshalb sie (neben dem Isnad) auch den *matn* eines Hadith nach Beweisen für oder gegen die Authentizität eines Berichts befragen. Schon im späten 19. Jahrhundert erklärte Ignaz Goldziher (gest. 1921), dass die Hadithe uns mehr über die Rechtsdebatten des 8. und frühen

9. Jahrhunderts als über Mohammeds Leben verrieten. Seine Ideen wurden von Joseph Schacht (gest. 1969) fortgeführt, der zwei weitere wichtige Punkte hinzufügte: Zum einen fand er bei einem Studium früher Hadithe heraus, dass nur in der Mitte des 8. Jahrhunderts Isnade, die auf Mohammed zurückgingen, weit verbreitet waren. Zum zweiten argumentierte er, dass je besser ein Isnad den Regeln asch-Schafi'is entspräche, es umso wahrscheinlicher sei, dass dieser Isnad erst aus der Zeit nach Aufstellung dieser Regeln stamme. Ein Isnad, der auf Mohammed zurückführt, würde also nicht nur nicht die Authentizität eines Hadith beweisen, sondern sei ein fast sicherer Hinweis auf das genaue Gegenteil (jedenfalls soweit es den Isnad betrifft, der aber durchaus einer authentischen Aussage später hinzugefügt worden sein kann).

Zwei weitere Einwände wurden gegen die Wissenschaft der Isnad-Analyse erhoben: Zum einen könnte ein Isnad, der mit den traditionellen Mitteln als authentisch klassifiziert wurde, jedem beliebigen Hadith oder historischen Bericht, für den man eine formelle Bestätigung haben wollte, einfach angefügt worden sein. Und zum zweiten würde die Tatsache, dass einige »gesunde« Hadithe in Debatten des 8. und 9. Jahrhunderts nicht herangezogen wurden, obwohl sie eine definitive Lösung der jeweiligen Streitfrage gebracht hätten, schlicht beweisen, dass diese Hadithe noch nicht existiert hätten. Im Gegensatz dazu gestehen moderne Forscher einem Hadith, dessen Fragestellung im späten 8. Jahrhundert obsolet geworden war oder der dem widerspricht, was zur akzeptierten Praxis aller Muslime wurde, ein wahrscheinlich hohes Alter zu – auch dann, wenn der Isnad zu diesem Hadith mangelhaft ist. (In solchen Fällen verlassen sich also moderne Forscher stärker auf die Authentizität eines Berichts als die traditionellen muslimischen Gelehrten.)

Was die besagten Gelehrten mit den traditionellen Muslimen gemein haben, ist die Überzeugung, dass die Hadithe und die frühen Berichte vom Aufstieg des Islam nützliche Daten enthalten, auf deren Grundlage sich die islamische Geschichte rekonstruieren lasse. Der Unterschied liegt in den Hilfsmitteln zur Bestimmung der authentischen Berichte. Da die modernen Forscher hinsichtlich der Authentizität der Hadithe nicht von religiösen oder theologischen Überlegungen eingeschränkt sind (was aber eigene kulturelle oder politische Voreingenommenheiten nicht ausschließt), können sie diese bis zum Beweis des Gegenteils für unauthentisch halten, während traditionelle Gelehrte genau umgekehrt verfahren. Trotzdem sind die Vertreter beider Ansätze der Überzeugung, dass sich die Authentizität von Hadithen und frühen historischen Berichten erweisen lässt und sie nützliche Quellen für Historiker sind.

Ein großer Teil der oben angesprochenen Fragen betraf die Nützlichkeit (oder Nutzlosigkeit) von Isnad-Analysen. Da sowohl die Sammler der Hadithe als auch die meisten frühen Historiker Isnad verwandten, sind diese Fragen theoretisch für alle schriftlichen Darlegungen aus den ersten beiden Jahrhunderten der islamischen Geschichte von Relevanz. In der Praxis haben sich allerdings die meisten modernen Forscher bei diesen Fragen nur speziell mit den Hadithen beschäftigt, während »historische« Berichte (d.h. die in den Chroniken verzeichneten Aussagen) bereitwilliger akzeptiert wurden. Es war allerdings nur eine Frage der Zeit, bis auch diese Berichte mit der gleichen Skepsis betrachtet werden würden wie die Hadithe. Und damit kommen wir auf die Bücher von Wansborough sowie auf *Hagarism* von Crone und Cook zurück. Die Grundidee dieser Untersuchungen war, dass die Sira und die Chroniken über die frühen Jahrhunderte des Islam formal »echten« historischen Quellen ähneln – indem sie etwa die chronologische Abfolge beachten, in sich stimmig sind und eine Fülle von Namen, Daten, Orten und wahrscheinlichen Ereignissen enthalten (die Berichte über Mohammeds Leben enthalten viel weniger offen fiktive Elemente, als man erwarten würde). Trotzdem aber ließen sich gegen diese Texte die gleichen Einwände vorbringen wie gegen die Hadithe;

sie seien so eng mit Fragen verbunden, die einen direkten Bezug auf muslimische Glaubensüberzeugung und Lebenspraxis hätten, dass man sie als einen Zweig der religiösen Literatur ansehen müsse. Eine Rekonstruktion der frühen islamischen Geschichte sei auf der Grundlage solcher Quellen nicht möglich.

Wansborough und die Autoren von *Hagarism* ziehen aus dieser Problemlage unterschiedliche Schlüsse. Nach Wansboroughs Ansicht können wir schlicht nicht wissen, wie der Islam entstand und sich im 7. und 8. Jahrhundert entwickelte. Die Werke dieses Forschers stellen immer wieder auf diesen Punkt anhand jeweils anderen Quellenmaterials ab: In *Quranic Studies* setzt er sich mit dem Koran und frühen exegetischen Werken auseinander, in *The Sectarian Milieu* hingegen mit der frühen historischen Tradition des Islam. In letzterem Buch stellt er zahlreiche Topoi, wie oben beschrieben, in den Prophetenbiographien fest und behauptet, der Islam sei entstanden, als die arabischen Eroberer versucht hätten, sich von den eroberten christlichen und jüdischen Bevölkerungen abzusetzen. Im ersten Buch stellt er eine Reihe von Fragen in Bezug auf den Koran: Warum enthält dieser Verse, die sich widersprechen, und Passagen, die sich wiederholen? Warum – hier nutzt er ein Argument, dass früher schon im Hinblick auf Hadithe vorgebracht wurde – wurden Koranverse von eindeutiger Relevanz für diese oder jene Streitfrage bei frühen juristischen Debatten nicht als Beweismittel angeführt? Und warum entsteht eine Exegese des Korans erst rund hundert Jahre nach der Zeit, als der Koran in seiner klassischen Form zusammengestellt wurde? (Die meisten modernen Forscher glauben nicht, dass exegetische Werke, die Muslimen des frühen 8. Jahrhunderts zugeschrieben werden, wirklich von diesen Personen stammen.) Auf diese und andere Fragen gab es nach Wansborough nur eine überzeugende Antwort: eine verbindliche Fassung des Korans existierte vor der Wende zum 9. Jahrhundert nicht. So wie sich die literarische Kultur des Islam, seine Verwaltung und seine Kunst im Nahen Osten schrittweise in einem jahrhundertelangen Austausch zwischen den arabischen Eroberern und den unterworfenen Bevölkerungen entwickelt hätten, genauso schrittweise müsse sich auch der Islam als eine Religion entwickelt haben.

Auch die Autoren von *Hagarism* kamen zu dem Schluss, dass der uns bekannte Islam und Koran nicht mit dem der Muslime des 7. und 8. Jahrhunderts identisch seien. Sie erklärten, gestützt auf nichtmuslimische Quellen der Zeit, dass Mekka nicht der ursprüngliche heilige Ort des Islam gewesen sei. Die frühen Eroberungen hätten stattgefunden, ehe der Islam zu einer von einer Form des Judentums verschiedenen Religion geworden sei. »Islam« und »Muslime« seien auch nicht die ursprünglichen Bezeichnungen für diese Religion und ihre Anhänger gewesen. Vielmehr seien die Muslime mit einem Wort bezeichnet worden, dass von der semitischen Wurzel *h.g.r* (oder *h.j.r*) abgeleitet worden sei, welches sich sowohl auf *HiJRa* (die ursprünglich den Auszug von Arabien ins Heilige Land, nicht den Auszug von Mekka nach Medina gemeint habe) wie auch auf die Abstammung der Araber von Ismaels Mutter HaGaR bezogen hätte. Weder die Arbeiten von Wansborough noch *Hagarism* haben viel Zustimmung gefunden. Das liegt einerseits an den bestreitbaren (und im Licht neuerer Beweismittel wie der Koranfragmente aus dem Jemen in einigen Punkten auch widerlegbaren) Behauptungen, zum anderen aber auch daran, dass die modernen Ansätze im Umgang mit der islamischen Geschichte von Problemen und Überlegungen beeinflusst sind, die recht einmalig und geeignet sind, Forscher von der Ausarbeitung bestimmter Fragestellungen zur frühen islamischen Geschichte abzuhalten. Darauf gehen wir im nächsten Kapitel ein.

Kapitel 5
Konkurrierende Ansätze

Obwohl viele westliche Islamhistoriker selber keine Muslime sind, lässt sich dies aus ihren Schriften über die ersten Jahrhunderte der islamischen Geschichte kaum erkennen. Diese Tatsache steht in ausgeprägtem Gegensatz zu den Historikern des Judentums oder Christentums, die im allgemeinen gegenüber ihrem Thema, solange sie im akademischen Kontext schreiben, einen unbeteiligten Standpunkt einnehmen (selbst wenn sie, wie häufig, selber Juden oder Christen sind). Wie kommt es zu diesem Unterschied? Bevor wir uns Antworten zuwenden, lohnt es sich, diese Frage weiter zu vertiefen. Die traditionellen Darstellungen von der Entstehung des Islam erzählen, dass in einer abgelegenen, isolierten Region Arabiens (dem Hedschas), in einer heidnischen, mit dem Monotheismus nicht vertrauten Stadt (Mekka) ein Analphabet (Mohammed) begonnen habe, Verse voller Anspielungen auf biblische Gestalten und bestehende monotheistische Ideen zu rezitieren. Wenn wir dieses Faktengerüst akzeptieren – und die meisten tun es –, wie sollen wir Mohammeds Vertrautheit mit diesen Ideen erklären? Für traditionelle Muslime ist die Antwort klar: Gott hat ihm mittels eines Engels die Verse offenbart. Tatsächlich wäre es schwer, ein gläubiger Muslim im traditionellen Sinne zu sein, ohne diese Version der Ereignisse zu akzeptieren. Andererseits jedoch, könnte Wansborough einwenden, möchte es schwerfallen, die groben Züge dieser Geschichte zu akzeptieren, wenn man kein gläubiger Muslim ist (oder zumindest akzeptiert, dass Gottes Hand bei den Ereignissen im Spiel war). Aus diesem Grunde behauptete Wansborough, der Islam und der Koran hätten sich später und an anderen Orten entwickelt, wo jüdische und christliche Ideen vorherrschten. In *Hagarism* wurde der Versuch unternommen, die Umstände dieser späteren religiösen Entwicklung zu rekonstruieren. Wie oben ausgeführt, sind sich fast alle Forscher einig, dass Wansborough und die Autoren von *Hagarism* in Details irrten (wobei sich die Kritik an dem letztgenannten Buch fast ausschließlich mit dessen erstem Teil befasste; wenige Rezensenten scheinen bemerkt zu haben, dass der zweite und dritte Teil interessante Feststellungen zur Entwicklung der islamischen Zivilisation in ihrem nahöstlichen Kontext enthalten, die durchaus weitere Untersuchungen lohnen könnten). Auch wenn weder Wansborough noch Crone und Cook völlig überzeugende Antworten auf die Fragen zur Entstehung des Islam geben – warum wurden die Fragen selber weitgehend ignoriert?

Viele Gelehrte sind der Ansicht, dass diese Bücher auf der Grundlage ihrer Schlussfolgerungen beurteilt werden müssten; wenn diese falsch sind, sei alles andere an ihnen ebenfalls falsch. Für Skeptiker ist die Methodik von Belang: Auch wenn die vorgeschlagenen Antworten falsch seien, müssten die Fragen immer noch beantwortet werden (umso mehr, wenn die früheren Antworten ebenfalls als unbefriedigend eingeschätzt werden). So ergeben sich Hinweise, dass Überlegungen im Spiel sind, die sich jenseits der üblichen akademischen Auseinandersetzungen und Debatten bewegen. Es mag vielleicht keine Überraschung sein, dass sich »Hagarismus« als Begriff für »Islam« nicht durchgesetzt hat, aber warum wurde der Begriff »Mohammedanismus« in der zweiten Hälfte des 20. Jahrhunderts aufgegeben? Bis zu diesem Zeitpunkt war das eine absolut akzeptable Bezeichnung, vergleichbar mit »Zoroastrismus«, »Buddhismus«, »Konfuzianismus« oder der persischen Bezeichnung *mussavi* (»Anhänger des mosaischen Glaubens«) für Angehörige des Judentums. Diese Frage mag vielleicht kleinkariert und wenig bedeutsam erscheinen, tatsächlich führt sie auf die umfassenderen Fragen der islamischen Ausnahmestellung. Während die Historiker anderer Religionen von historischen Modellen ausgehen und die Primärquellen vor ihrem Hintergrund lesen, gehen viele Historiker des Islam von muslimischen Quellen aus, räumen sie im nächsten

Schritt auf (indem sie offensichtlich unglaubhaftes Material wie Bezüge auf Wunder, runde Zahlen und dergleichen ausschließen) und nehmen das Übrigbleibende schließlich für bare Münze. Warum sind der Islam, und insbesondere die islamische Geschichte, von den etablierten Regeln historischer Forschung ausgenommen?

Eine erste Antwort lautet, dass sowohl der Islam als auch das Studium der islamischen Geschichte relativ junge Erscheinungen sind. Das junge Alter des Islam verglichen mit Judentum und Christentum verführte Ernest Renan (gest. 1892) zu der berühmten Aussage, Mohammed sei »im vollen Licht der Geschichte« geboren worden; eine Aussage, der die meisten Forscher (auch die vormodernen muslimischen Gelehrten) nicht zustimmen würden und die auch den Fakten, die im vorigen Kapitel erwähnt wurden, deutlich widerspricht. Das junge Alter der islamischen Geschichte ist eine plausible Erklärung für die Tendenz, traditionelle Darstellungen unbefragt zu akzeptieren. So wurde eine kritische Ausgabe von at-Tabaris gewaltigem (und für die frühe Geschichte des Islam unverzichtbarem) Werk erst im späten 19. Jahrhundert veröffentlicht und die erste Übersetzung des Gesamtwerks erst im späten 20. Jahrhundert vorgelegt. Ein großer Teil der Forschungen, die im späten 19. und im 20. Jahrhundert zur islamischen Geschichte betrieben wurden, galt dem Auffinden, Edieren und Entziffern von Primärquellen sowie einer ersten Erfassung ihres Inhalts. Jene wenigen Gelehrten, die wie Julius Wellhausen (gest. 1918) schon in jenem frühen Stadium in der Lage waren, die islamische Geschichte kritisch zu analysieren, waren in der Regel von der wissenschaftlichen Beschäftigung mit der Bibel oder dem Nahen Osten zur Erforschung der islamischen Geschichte vorgedrungen, und ihre Arbeiten zur islamischen Geschichte blieben tendenziell weit konservativer als ihre Forschungen zu anderen religiösen Kulturen des Nahen Ostens.

Eine weitere Antwort ist, dass Darstellungen über den frühen

Islam, wie sie in at-Tabaris Geschichtsbuch vorliegen, aufgrund ihrer eindrucksvollen, detailreichen Beschreibungen von Völkern und Ereignissen, die die Historiker interessieren, kaum außer acht gelassen werden können. Vorliegende fertige Antworten auf leitende Fragen beiseitezuschieben fällt besonders schwer, wenn gangbare Alternativen zu den traditionellen Erzählungen fehlen. Verständlicherweise werden es die meisten Gelehrten vorziehen, eine unvollkommene Version der Geschichte zu haben als gar keine. Und sobald die traditionellen Erzählungen erst einmal in den akademischen Unterricht gelangt sind, bildet sich ein Status quo heraus: Die Studenten, die diese traditionelle Version kennengelernt haben, werden selber zu Lehrern und geben die Erzählung und die Methodik weiter.

Eine dritte Antwort besteht darin, dass gesellschaftlicher und politischer Druck sowohl muslimische als auch – aus anderen Gründen – westliche Historiker davon abgehalten hat, die traditionellen Darstellungen und Quellen für die Entstehung und die frühe Entwicklung des Islam in Frage zu stellen. Dabei werden muslimische Historiker, die Zweifel an der Tradition laut werden lassen, von ihren Glaubensgenossen manchmal für verabscheuungswürdiger erachtet als Historiker aus dem Abendland. Schließlich wird, seitdem die frühen Muslime Juden und Christen beschuldigten, Gottes Wort absichtlich zu entstellen, von nichtmuslimischen Historikern erwartet, dass sie antiislamischen Unfug verzapfen. Muslimische Gelehrte sollten es hingegen besser wissen. Als Suliman Bashear (gest. 1991) erklärte, der Islam habe sich, wie die anderen Religionen auch, schrittweise entwickelt, warfen ihn seine Studenten an der Universität von Nablus (Palästina) aus dem Fenster des im zweiten Stock gelegenen Hörsaals. Und als der ägyptische Gelehrte Nasr Hamid Abu Zayd (gest. 2010) meinte, der Koran sei ein literarischer Text und müsse als ein solcher analysiert werden, wurde er zum Apostaten erklärt und seine Ehe annulliert – er und seine Frau mussten aus Ägypten fliehen. Als rund siebzig Jahre früher (1926) Taha

Hussein (gest. 1973), ein führender ägyptischer Intellektueller und späterer Erziehungsminister, die These vertrat, ein großer Teil der vorislamischen arabischen Dichtung sei nicht authentisch, wurde er ebenfalls der Apostasie beschuldigt (auch wenn diese These eigentlich nur marginale Bedeutung für die islamische Tradition hat). Solche Fälle akademischer Intoleranz sind selbstverständlich äußerst selten, aber die bloße Existenz einiger weniger, stark beachteter Fälle kann eine einschüchternde Wirkung auf jene in der muslimischen Welt hervorbringen, die sonst geneigt sein könnten, die Tradition unvoreingenommen zu untersuchen.

Westliche Forscher, die die islamische Geschichte untersuchen, sind sich, insbesondere seit dem Zweiten Weltkrieg, ebenfalls der muslimischen Empfindlichkeiten bewusst. Das hat teilweise mit gegenwärtig herrschenden, aus den Sozialwissenschaften stammenden akademischen Trends zu tun, nach denen es in erster Linie darauf ankomme, »die Erfahrung der Gläubigen« zu verstehen. Und es ist teilweise auch den Versuchen heutiger Forscher geschuldet, Fehler wiedergutzumachen, die früheren Generationen von Orientalisten angelastet wurden. Das führt uns auf Edward Saids Buch *Orientalismus*.

Edward Said und sein Buch *Orientalismus*

Zu Beginn der 1940er Jahre erklärte Sati' al-Husri (gest. 1967), ein syrischer Intellektueller und führender Vertreter des arabischen Nationalismus, die westlichen Bücher über »arabische« Geschichte seien »voreingenommen und [dienten] als Werkzeuge der Imperialisten, die allezeit mit allen verfügbaren Mitteln im Interesse ihrer Herrschaft versuchen, das historische Bewusstsein zu unterdrücken und zu verzerren«. Ein verwandtes Argument wurde in *Orientalismus* vorgebracht, einem sehr einflussreichen Buch, das zur Begründung des Studienfachs der

Postcolonial Studies beitrug. Obschon sich das Buch hauptsächlich mit der Widerspiegelung des Orients in literarischen Werken befasst, nimmt es auch die Laufbahn bestimmter Orientalisten (aus der Zeit ab etwa 1800) aufs Korn, und seine drei Hauptpunkte betreffen auch das Forschungsgebiet der Orientalistik. Die erste These lautet, die Orientalistik tendiere zum »Essentialismus«, weil ihr Ausgangspunkt sei, die Araber (und allgemeiner auch die Muslime, obwohl sich Said hauptsächlich mit dem Nahen Osten befasst) hätten eine unveränderliche Wesensart, die sich bestimmen, beschreiben und politisch kontrollieren ließe. Die zweite These heißt, dass die Orientalistik, insbesondere die der Briten und Franzosen, politisch motiviert sei. Wenn gezeigt werden könnte, dass das »Wesen« der arabischen oder muslimischen Gesellschaften dem Westen unterlegen sei, ließe sich damit die politische Herrschaft des Westens über die Araber und Muslime rechtfertigen. Die letzte These lautet, dass die verfehlten Beobachtungen über ein unterlegenes Wesen der »Orientalen« und das Bedürfnis, den Orient lediglich in seiner Beziehung zum Westen zu betrachten, in einem sich selbst reproduzierenden, inhärent fehlerbehafteten Forschungsgebiet kanonisiert worden seien.

Obwohl vieles von dem, was Said vorbrachte, in Kreisen sowohl westlicher als auch arabischer/muslimischer Intellektueller keine Neuigkeit war, machte sein Buch eine viel größere Leserschaft, die hauptsächlich aus Intellektuellen anderer Fachgebiete bestand, auf diese Fragen aufmerksam. Zu der Popularität des Buches trug auch der Zeitpunkt seiner Veröffentlichung (1978) bei: Im Bereich der Literaturtheorie war das eine aufgewühlte Zeit, in der das Thema der Rolle der Kultur bei der Beherrschung oder Unterjochung politisch schwacher Teile der Gesellschaft im Vordergrund stand. (Gerade die postkoloniale und die feministische Theorie standen bei diesen Kontroversen im Mittelpunkt.) So wurde *Orientalismus* im Bereich der *Cultural Studies* begeistert rezipiert; im Kreis der Orientalisten war das Buch hingegen, wie nicht anders zu erwarten, weit umstrittener.

Die Kritiker des Buchs, zu denen viele führende Forscher zur islamischen Geschichte zählten, stellten eine Reihe von Fehlern heraus, die sowohl Details als auch die zentralen Thesen des Buchs in Frage stellen. Man verwies zum Beispiel darauf, dass im 19. Jahrhundert auf dem Höhepunkt der europäischen Kolonialherrschaft über die muslimische Welt das Forschungsgebiet der Orientalistik keineswegs von britischen und französischen, sondern von deutschsprachigen Gelehrten bestimmt wurde, die aus Ländern stammten, die nirgendwo eine direkte Herrschaft über Muslime ausübten. Man verwies ferner darauf, dass viele britische und französische Orientalisten dieser Zeit die Politik ihrer eigenen Länder ablehnten. So kritisierte Edward Granville Browne (gest. 1926), der an der Universität von Cambridge hauptsächlich persische Literatur und Geschichte lehrte, ganz offen die britische Haltung und Politik gegenüber den Muslimen; zu Ehren seiner Bemühungen und Leistungen wurde in Teheran eine Straße nach ihm benannt und ihm dort sogar eine Statue errichtet. Ein weiterer Einwand gegen Saids Buch lautete, es ignoriere die vielen wichtigen Beiträge, die Orientalisten im Bereich der Islamwissenschaft geleistet hätten: Die Erstellung kritischer Ausgaben von handschriftlichen Texten, um nur ein Beispiel zu nennen, sei eine Leistung, von der auch Muslime profitierten, und ein Gebiet, in dem politische Voreingenommenheiten kaum eine Rolle spielten. Gleichwohl können westliche Forscher, die sich mit muslimischen Gesellschaften beschäftigten, Saids Buch nicht ignorieren; selbst die, die es schmähen, müssen zugeben, dass sein Einfluss auf das Gebiet der Islamwissenschaft immens war: In den letzten Jahrzehnten ist die Islamwissenschaft von dem bewussten Bemühen geleitet, mit den muslimischen Gesellschaften – der Vergangenheit und Gegenwart – zu sympathisieren, und zugleich von einer Zurückhaltung bestimmt, historische Argumente vorzubringen, die Muslime beleidigen könnten. In einem derart unfruchtbaren akademischen Gelände konnten die Fragen und Ideen, die Wansborough und die Autoren von *Hagarism* präsentierten, kaum große Wirkung entfalten.

Dass westliche Forscher, die muslimische Gesellschaften untersuchen, gegenüber den Völkern, die sie erforschen, Empathie und Einfühlsamkeit aufbringen sollten, ist sicherlich lobenswert (und auch selbstverständlich). Aber als unerwartete Wirkung des großen Erfolgs von *Orientalismus* zeigt sich, dass bewusste Versuche, ›nett‹ zu sein, eine offene und seriöse akademische Debatte ersticken und die Islamwissenschaft daran hindern können, den gleichen wissenschaftlichen Rang zu erreichen wie andere Zweige der Orientalistik. Das läuft dann letztlich auf eine herablassende Haltung gegenüber einer religiösen und historischen Tradition hinaus, die mit dem gleichen Respekt behandelt zu werden verdient wie andere vergleichbare Traditionen. Ein Bibelwissenschaftler kann keinen akademischen Vortrag über die Geschichtlichkeit des in einem Weidenkorb auf dem Nil ausgesetzten Babys Moses halten und erwarten, von den Kollegen im Publikum ernst genommen zu werden. In den meisten Fällen wird jedoch ein Islamwissenschaftler sich über die traditionellsten Details der Biographie Mohammeds auslassen können, ohne in seinem Publikum anderes als freundliches Lächeln und höflichen Applaus zu ernten. Werden Studien zur islamischen Geschichte derart »weich« angefasst, impliziert dies (wenn auch vielleicht nicht bewusst), dass der Islam nicht der gleichen rigorosen Analyse unterzogen werden sollte wie andere Traditionen, weil er sich vielleicht nicht als ausreichend robust erweisen möchte, einer eingehenden Untersuchung standzuhalten. Ironischerweise ist ein solcher ›netter‹ Ansatz gegenüber der muslimischen Tradition mit herablassenden Attitüden verbunden, die eng mit jener Art der Orientalistik verknüpft sind, die Said kritisierte, obwohl dieser unkritische Ansatz gerade von jenen gepflegt wird, die Saids Argumenten begeistert zustimmen.

Es gibt aber durchaus Möglichkeiten, ›nett‹ zu sein und dennoch wissenschaftliche Standards beizubehalten. Das vielleicht eindrucksvollste Beispiel ist das Werk von Marshall Hodgson (gest. 1968). Die beiden Bücher, die Hodgson bekannt machten, heißen *The Venture of Islam: Conscience and History in a World Civilization* und *Rethinking World History: Essays in European, Islam, and World History*, die beide postum veröffentlicht wurden und sich auf seine Forschungen aus den 1940er bis 1960er Jahren stützen. Das dreibändige Hauptwerk *The Venture of Islam* ist eine zusammenfassende Darstellung aller Epochen und Regionen der islamischen Geschichte, eingebettet in den Gesamtzusammenhang der Weltgeschichte. Als solche ist das Werk ein mächtiges Argument gegen den islamischen ›Exzeptionalismus‹: Die Entstehung und Entwicklung des Islam und der islamischen Zivilisation werden mit globalen Dimensionen verknüpft, und es zeigt sich, dass die islamische Welt den geschichtlichen Entwicklungstendenzen entspricht und ihnen keineswegs zuwiderläuft. Der Panoramablick auf die Geschichte führte Hodgson zu einer Reihe von originellen Schlussfolgerungen bezüglich der islamischen Geschichte und Zivilisation und auch bezüglich der Methodik, die Historiker zu ihrer Untersuchung anwenden sollten. Obschon das Werk eine meisterliche Zusammenfassung der gesamten Tradition der Orientalistik darstellt, versucht es zugleich auf vielfältige Art, die Schwächen dieser Tradition aufzuzeigen und zu korrigieren. Während *Orientalismus* diese Tradition gewissermaßen von außen kritisierte, unterzieht Hodgson sie von innen heraus der Kritik.

Hodgson nahm vielfach Saids Kritikpunkte vorweg (verwunderlicherweise gibt es in *Orientalismus* aber keinerlei Verweise auf Hodgsons Arbeiten). Zum Beispiel verwarf Hodgson wiederholt essentialistische Ansätze gegenüber dem Islam und erklärte, dass »jede Generation ihre eigenen Entscheidungen

Marshall Hodgson

Ibn Khaldun

trifft«. Überdies ärgerte er sich dermaßen über eurozentrische Annäherungen an die islamische Geschichte, dass er sich daranmachte, alle Begriffe und Terminologien, die der europäischen Geschichte entlehnt waren, aus diesem Forschungsbereich auszumerzen. Deswegen führte er eine Reihe von Neologismen ein, die seiner Meinung nach kulturell belastete oder sonst schiefe Ausdrücke, die das Studium der muslimischen Gesellschaften belasteten, ersetzen sollten. So wurde aus dem »Nahen Osten«, einem Begriff, der Europa ins Zentrum der Welt platziert, die »Region zwischen Nil und Oxos« und die Industrielle Revolution wurde zur »Großen Westlichen Umwandlung«. Zweifellos waren manche Prägungen und Begriffsbildungen umständlich oder gar abstrus (»idiographic« und »nomoethic«, »typicalizer« und »exceptionalizer«, »admonitionist« und »revisionist«, »agrarianate« und »technicalistic« sind ein paar Beispiele), aber wie schon der Untertitel des Buches verriet, waren Gewissenhaftigkeit und Genauigkeit, nicht elegante Darstellung, die Triebkräfte in Hodgsons Umgang mit der islamischen Geschichte. Und während die Korrekturprogramme der Computer alle Neologismen Hodgsons rot unterstreichen, sind die Islamwissenschaftler einigen gegenüber durchaus toleranter, so etwa gegenüber dem »Islamikat«, das sich nicht auf den Islam als Religion, sondern auf einen »gesellschaftlichen und kulturellen Komplex« bezieht, »der historisch mit dem Islam und den Muslimen verbunden ist«.

Der einfühlsame Ansatz hinsichtlich der Erforschung der muslimischen Gesellschaften und der Versuch, die islamische Geschichte in die umfassende Weltgeschichte einzufügen, führte Albert Hourani (gest. 1993) zu dem Schluss: »Marshall Hodgson hat uns einen Verständnisrahmen eröffnet, der sich womöglich als nicht weniger wertvoll erweisen wird als der seines großen Ahnherrn Ibn Khaldun.«

*

Exkurs: at-Tabari und Ibn Khaldun

Wie sahen muslimische Historiker die islamische Geschichte? Ein kurzer vergleichender Blick auf das Leben und das Werk von at-Tabari (838–923) und Ibn Khaldun (1332–1406), der beiden vielleicht bedeutendsten muslimischen Geschichtsschreiber, präsentiert uns zwei sehr verschiedene Antworten auf diese Frage. In vielerlei Hinsicht näherten sie sich der islamischen Geschichte von verschiedenen Enden: at-Tabari war ein Mann aus dem Osten, ein Iraner aus Amul, südlich vom Kaspischen Meer, Ibn Khaldun ein Mann aus dem Westen, ein andalusischer Araber, der im heutigen Tunis geboren wurde. Der eine lebte und arbeitete während des Höhepunkts der arabisch-islamischen Zivilisation, der andere zur Zeit eines der Tiefpunkte (seine Familie hatte vor der Reconquista aus Andalusien nach Nordafrika fliehen müssen). Und während at-Tabari sich bewusst von Regierungskreisen fernhielt und von politischem Einfluss unabhängig blieb, verwendete Ibn Khaldun einen großen Teil seines Erwachsenenlebens auf durchaus eigensüchtige politische Pläne und Ränke, die ihn in Kontakt mit geschichtlichen Figuren wie dem kastilischen König Peter dem Grausamen und Timur brachten.

Es sollte nicht überraschen, dass die verschiedenen Umstände, die auf die historischen Werke beider Autoren einwirkten, sich auch in der Art ihres Zugangs zur Geschichte zeigen. Wie zu erwarten, berichtet at-Tabaris Werk viel ausführlicher über die östlichen Provinzen als über die westlichen, während es sich bei Ibn Khaldun umgekehrt verhält. Als Perser unternahm at-Tabari beträchtliche Anstrengungen, ältere persische und jüdisch-christliche Berichte über die vorislamische Geschichte zu berücksichtigen, während sich Ibn Khaldun darum nicht kümmerte.

Weniger zu erwarten ist allerdings vielleicht, dass sich auch die Ansichten beider Autoren über Verlauf, Ursachen und Auswirkungen der Geschichte radikal unterscheiden. Wenn at-Tabari eine Visitenkarte besessen hätte, würde auf ihr wahrscheinlich *faqih* (Jurist), *'alim* oder eine ähnliche Bezeichnung, nicht aber »Historiker« gestanden haben. Tatsächlich war at-Tabari zu seinen Lebzeiten vor allem als ein führender Religionsgelehrter bekannt, der eine eigene Schule des islamischen Rechts (*madhab*) begründete, die Dschririya, und unter Muslimen wegen seiner voluminösen Koranexegese (*tafsir*) genauso berühmt ist wie wegen seiner *Geschichte*. Sein Blick auf die islamische Geschichte war daher stark von religiösen Fragen bestimmt. Gott habe, erklärt er, die Welt erschaffen und werde ihr nach siebentausend Jahren (die Berechnung wird in der Einleitung des Werks erklärt) auch ein Ende setzen. Die Geschichte liege in Gottes Händen, und sie laufe unausweichlich auf den Jüngsten Tag zu (eine Vorstellung, für die es iranische und semitische Vorläufer gibt).

Ibn Khaldun betrachtete die Geschichte hingegen als das Produkt bestimmter identifizierbarer, dynamischer Prozesse, etwa der Beziehungen zwischen Barbaren, die von einem Stammeszusammenhalt (*'asabiyya*) geprägt seien, und den sesshaften Zivilisationen in ihrer Nachbarschaft. Laut Ibn Khalduns Geschichtstheorie würden sich die Barbaren gelegentlich vereinen, die angrenzenden Zivilisationen überrennen und sich dann ihrerseits zivilisieren, bis sie wiederum von anderen Barbaren überwältigt würden. Dieser Vorgang würde sich unbegrenzt wiederholen. Statt at-Tabaris linearer, zielgerichteter, von Gott gelenkter Erzählung sah Ibn Khaldun Geschichte als einen zyklischen, Regeln und Mustern unterworfenen Prozess an. Das ist der Ansatz, dem auch moderne Historiker und Soziologen folgen, und insofern kann man Ibn Khaldun als den Begründer dieser Wissenschaften ansehen (auch wenn es keine Hinweise darauf gibt, dass diejenigen, die diese Wissenschaften schließlich begründeten, Kenntnis von seinem Werk hatten). Arnold J. Toynbee nannte die *Muqaddima* (die theoretische Einleitung in Ibn Khalduns Geschichtswerk, die diese Beobachtungen enthält) »eine Geschichtsphilosophie, die zweifellos das großartigste Werk ihrer

Art darstellt, das jemals irgendwann und irgendwo von einem menschlichen Geist geschaffen wurde«. Auch Ronald Reagan war ein überzeugter Bewunderer des arabischen Gelehrten.

*

Doch widersprechende Ansätze bezüglich der islamischen Geschichte beschränken sich nicht auf die moderne westliche Wissenschaft: Traditionell betrachten Schiiten und Sunniten die Entwicklung der Geschichte aus sehr unterschiedlicher Perspektive, und in der Moderne haben Muslime »islamistische« und »modernistische« (oder »reformistische«) Interpretationen der Geschichte hervorgebracht. Für die meisten Sunniten (zumindest seit dem 9. Jahrhundert) ist die Geschichte nichts anderes als die Verwirklichung von Gottes Plänen auf Erden; ihr Verlauf ist daher unumkehrbar. Für die Schiiten ist die islamische Geschichte hingegen von einer Reihe verhängnisvoller Fehler durchzogen: Ali hätte der Nachfolger des Propheten werden sollen, wurde aber übergangen (sein sechsjähriges Kalifat war zu kurz und kam zu spät); schließlich wurden er und sein Sohn Hussein zu Märtyrern; die abbasidische Revolution sollte die Schiiten wieder an die Macht bringen, aber die Anführer der Bewegung entschieden sich in letzter Minute anders; dann versuchte der Kalif al-Mamun, einen schiitischen Imam als seinen Nachfolger einzusetzen, aber dieser verstarb auf mysteriöse Weise (fast alle Imame der Zwölferschiiten wurden eingekerkert und/oder ermordet); die schiitischen Buyiden erlangten die Herrschaft über Bagdad, beließen dann aber den abbasidischen Kalifen auf dem Thron; die Fatimiden und Safawiden setzten die Schia durch, verabschiedeten sich aber schnell von den meisten ihrer revolutionären Versprechungen; und in den meisten Teilen der muslimischen (und westlichen) Welt hat sich die sunnitische Erzählung der islamischen Geschichte durchgesetzt. Im modernen Iran vereint sich die persische sentimentale Erinnerung an vergangene imperiale

Größe mit der Verfolgungserfahrung der Schiiten zu einem stark ausgeprägten Gefühl historischer Ungerechtigkeit.

Aber auch in sunnitischen Kreisen wurden im Verlauf der Jahrhunderte konkurrierende Ansätze in Bezug auf die islamische Geschichte vertreten. Der traditionelle sunnitische Ansatz erklärt, Gott stehe hinter den Ereignissen, und es gelte, den Realitäten gerecht zu werden, die in der Epoche zwischen 600 und 800 geschaffen wurden, nicht neue zu erschaffen. Beginnend mit dem 18. Jahrhundert haben sich Gruppen, die man heute als »Islamisten« bezeichnen würde, und ab dem 19. Jahrhundert »Modernisten« für Interpretationen der (frühen) islamischen Geschichte eingesetzt, die sich wechselseitig ausschließen. Für die Islamisten wurde das klare Wasser des Islam im Verlauf der Jahrhunderte durch unerwünschtes Schwemmgut, das beispielsweise mit volkstümlichen religiösen Überzeugungen und Praktiken zusammenhängt, getrübt. Nach ihrer Ansicht müssen die Muslime auf die frühesten Quellen (d. h. den Koran und die Hadithe) zurückgreifen und dürfen nur diesen folgen. Die Modernisten stimmen den Islamisten zwar im Hinblick auf das grundsätzliche Problem zu, lehnen aber deren buchstabengläubige Lösung ab, da ihrer Ansicht nach dabei den Details der Geschichte zu großer und den allgemeinen »Lehren«, die der Koran, Mohammed, seine Gefährten und Nachfolger vermittelten, zu wenig Wert beigemessen werde. Die Modernisten werfen den Islamisten vor, sie sähen den Wald vor lauter Bäumen nicht, doch diese erwidern, Gott habe die Bäume geschaffen und uns aufgetragen, sie zu beachten.

Verwirrenderweise werden sowohl Islamisten als auch Modernisten der *salafiyya* (»Orientierung an den muslimischen Vorvätern«) zugerechnet. Was sie eint, ist das Interesse an der Interpretation der frühen islamischen Geschichte und die unbeirrbare Überzeugung, diese sei für moderne Muslime relevant. Seltsamerweise haben damit Salafisten – insonderheit jene islamistischer Ausrichtung – mit den von Said angeprangerten Orientalisten den Glauben gemeinsam, es gäbe so etwas wie einen ursprünglichen oder essentiellen Islam (nur dass die Orientalisten diesen zu beschreiben und zu beherrschen trachteten, während die Islamisten ihn wieder durchsetzen wollen). Aber warum sollten Dinge, die vor mehr als tausend Jahren geschehen sind, für Menschen des 21. Jahrhunderts von irgendeiner praktischen Bedeutung sein? Das ist die Frage, mit der sich das folgende Kapitel auseinandersetzen wird.

Kapitel 6
Religiöse Verbindlichkeit

»Wer die Geschichte nicht kennt, ist verdammt, sie zu wiederholen« (Edmund Burke, gest. 1797) – stimmt das wirklich? Nicht jeder würde Burke da zustimmen: Zyniker könnten darauf verweisen, dass die meisten Menschen nicht dazu bestimmt seien, irgendetwas Denkwürdiges zu tun, und schon gar nicht, die Geschichte zu wiederholen (im Geschichtsunterricht aufzupassen oder nicht, würde daran wohl nichts ändern). Überdies ist in muslimischen Gesellschaften die Idee, dass die Wiederholung der Geschichte eine Art Bestrafung für Unwissenheit wäre, recht sinnlos. Tatsächlich nämlich sind große Teile der Geschichte von direkter und bestimmender Bedeutung für die Praxis des Islam, und die islamische Geschichte spielte (und spielt weiterhin) eine wichtige politische Rolle für die Muslime und für jene, die mit ihnen zu tun haben. Aus diesem Grunde haben Muslime im Verlauf der Jahrhunderte immer danach getrachtet, die islamische Geschichte kennenzulernen, mit der Absicht, sie zu wiederholen oder aus ihren Einzelheiten praktische Anleitungen oder andere Vorteile zu ziehen. Die politische Bedeutung der islamischen Geschichte wird im nächsten Kapitel diskutiert; hier soll es nun zunächst um ihre religiöse Verbindlichkeit gehen.

Mangelnde historische Bildung ist in der westlichen Welt weit verbreitet. Nach einer neueren Untersuchung »können zwei Drittel des Abschlussjahrgangs [amerikanischer] High Schools nicht die Jahrhunderthälfte nennen, in der der amerikanische Bürgerkrieg stattfand, ein Drittel hat noch nie etwas von Thomas Jefferson gehört, und 65 Prozent sind der Meinung, Stonewall Jackson sei der Bassist der Funkadelics gewesen«. Eine ähnliche Haltung verrät sich, wenn idealistische junge Amerikanerinnen (oder auch Nichtamerikanerinnen) mit Armbändern herumlaufen, die fordern »Make Poverty History!«[1] – ein sicherlich bewundernswertes Ziel, wenn man einmal davon absieht, dass sich in der Formulierung die volkstümliche Vorstellung widerspiegelt, die Geschichte sei eine Müllkippe zur Endlagerung von unerwünschtem Krempel und nicht eine Schatztruhe, in der sich begehrenswerte Dinge finden ließen.

Andere junge Amerikaner zeigen wiederum, dass die Vergangenheit für sie eine Bedeutung hat, indem sie Armbänder mit den Buchstaben W. W. J. D. zur Schau stellen. Das bedeutet: »What would Jesus do?« (»Was würde Jesus tun?«). Diese Armbänder sollen ihre Träger dazu ermahnen, sich in Gewissensfragen an Jesu Lehren zu orientieren. Dass es die meisten Muslime nicht sonderlich interessiert, was Jesus tun würde, ist gewiss keine Überraschung; überraschender ist hingegen, dass sie, genau genommen, auch nicht wissen wollen, was Mohammed tun würde. Sie wollen nämlich wissen, was Mohammed getan hat. Dafür gibt es den Begriff *sunna*, der auch die berichteten Handlungen und Aussprüche einiger anderer paradigmatischer Figuren aus frühislamischer Zeit mitumfasst. Oberflächlich gesehen sind die Konzepte der *sunna* und der *imitatio Christi* (»Nachfolge Christi«, auf die sich die genannten Armbänder zurückführen lassen) miteinander vergleichbar: In beiden Fällen soll das Verhalten einer Person, die für die jeweilige Religion von zentraler Bedeutung ist, eine Wirkung auf das Verhalten der heutigen Gläubigen haben. Bei näherer Betrachtung zeigt sich jedoch ein wichtiger Unterschied zwischen beiden Konzepten: Die Sunna ist vollständig von historischem Wissen abhängig – wenn wir Mohammeds Leben nicht rekonstruieren können und keine Berichte über seine Äußerungen haben, bleibt nichts, an das man sich halten könnte. Im Gegensatz dazu hängt die *imitatio Christi* nicht von historischen Zeugnissen ab, sondern fordert ledig-

1 Auf Deutsch hieß die Kampagne »Deine Stimme gegen Armut« [Anm. d. Übers.].

lich, dass wir Jesu Liebesbotschaft folgen und, allgemeiner, uns gut verhalten. (In der originalen Version aus dem 15. Jahrhundert wurden überdies asketische Praktiken empfohlen, denen sich die meisten jungen Christen heute nicht mehr verpflichtet fühlen.)

Muslime versuchen Mohammed aus drei Gründen nachzueifern. Zum einen fordert der Koran sie wiederholt und auf verschiedene Weise dazu auf (wenn auch niemals unwidersprüchlich: Sure 33,21 ist der wichtigste, aber keineswegs ganz deutliche Hinweis). Zum zweiten glaubt man, dass Gott Mohammed nicht nur die Verse des Korans, sondern auch deren Bedeutung offenbarte, weswegen seine Handlungen als Widerspiegelungen dessen angesehen werden, was Gott für die Menschheit beabsichtigte, ohne es ausdrücklich zu verkünden, oder auch als die gültige Interpretation der Koranverse. Sobald sich drittens schließlich in der muslimischen Tradition die Ansicht ausbildete, Mohammed sei unfehlbar gewesen, musste auch die Lehre aufkommen, dass seine Sunna allezeit befolgt werden müsste. Wir haben gesehen, dass diese Lehren mit asch-Schafi'i zusammenhängen; sie waren also vor dem 8. Jahrhundert nicht verbindlich. Dabei muss aber berücksichtigt werden, dass – wie bei anderen Gründerfiguren bedeutender Völker und Religionen – den Worten und Taten Mohammeds von Anfang an großes Gewicht beigemessen worden sein wird. Die abbasidischen Revolutionäre der Mitte des 8. Jahrhunderts traten mit der Forderung nach einer Rückkehr »zum Buch Gottes und der *sunna* seines Propheten« an – das war eine geschickt-zweideutige Losung, aus der aber jedenfalls hervorgeht, dass Mohammeds Verhalten seinerzeit schon für die Menschen von hoher Bedeutung war. Die Weitergabe der Sunna des Propheten schloss auch den Vorrang jener mit ein, die ihn gut kannten und denen man zusprach, ihm nachgeeifert zu haben, sowie den Vorrang der unmittelbar folgenden Generationen von Muslimen, die insgesamt als die »gerechten Vorfahren« oder *salaf* bezeichnet werden.

Die *salaf* als Ganze können als exemplarisches Vorbild für spätere Generationen dienen, aber die Scharia ist (wiederum seit dem 9. Jahrhundert) einzig von der Sunna Mohammeds bestimmt.

In den letzten Jahrhunderten stellten sich Muslimen, die sich strikt an die Sunna halten wollten, zwei Probleme in den Weg. Zum einen führte die Verschiedenheit der Praxis, die aus der Ausbreitung des Islam unter Völkern mit anderem religiösen und kulturellen Hintergrund resultierte, zu einer Aufnahme von Glaubensvorstellungen und Ritualen in den Islam, die wenig Ähnlichkeit mit der Sunna hatten, und erzeugte eine religiöse Verschiedenheit unter den Muslimen, die nach Ansicht der Salafisten nicht zu tolerieren war. Zum zweiten schufen die veränderten historischen Bedingungen – insbesondere die Moderne – Situationen, auf die es in der Sunna, wie sie in den Hadithen, der Sira und anderen traditionellen Quellen verzeichnet ist, keine offensichtlichen Antworten gab. Die Salafisten sowohl islamistischer wie modernistischer Spielart (von denen es wiederum diverse Unterarten gibt) versuchen, diese Probleme dadurch zu lösen, dass sie sich dem »Islam« zuwenden, der zur Zeit der »gerechten Vorfahren« praktiziert wurde. Die Islamisten meinen, dass alles, was seinerzeit getan oder unterlassen wurde, auch heute getan oder unterlassen werden sollte. Die Modernisten folgen anderen Prinzipien: Ihrer Ansicht nach sind Gott und seine Religion inhärent gerecht und barmherzig; alles was er im 7. Jahrhundert – durch den Koran und die Sunna – den Menschen auferlegte, muss notwendigermaßen gerecht und barmherzig sein. Die Zeiten ändern sich jedoch, und einige Details der Sunna, die zur Zeit der Offenbarung vollkommen akzeptabel waren, sind es heute weniger. Deswegen müssen solche Episoden im Hinblick auf die modernen Umstände neu gelesen werden. Die Modernisten glauben an Gleichheit, Demokratie und Menschenrechte genauso wie an den Koran und die Sunna. Der Koran und die Sunna müssen deshalb mit Gleichheit, Demokratie und Menschenrechten vereinbar sein. Die Modernisten wenden sich aus diesem Grunde der islamischen Geschichte zu – und zwar typischerweise nicht den apodiktischeren Hadithen, sondern den Sira und den historischen Chroniken, die von den *salaf* handeln – mit dem Ziel zu beweisen, dass derartige Konzepte von Anfang an ein Teil des Islam waren. Die Islamisten wenden dagegen ein, dass der Koran und die Sunna die »Gerechtigkeit« definieren und nicht umgekehrt.

Anders gesagt, wollen sowohl Islamisten als auch Modernisten die islamische Geschichte kennen, um sie zu wiederholen. Dass sie darüber in Konflikt geraten, wie die frühe islamische Geschichte zu lesen sei, ob wörtlich (Islamisten) oder ob jede Episode in ihrem historischen Kontext (Modernisten), belegt, wie wichtig die islamische Geschichte und ihre Einzelheiten für (sunnitische) Muslime sind. Die meisten Muslime liegen in ihrer Haltung irgendwo zwischen den beiden Extremgruppen und folgen der Sunna in der Form, wie sie von gelehrten Autoritäten seit Jahrhunderten gedeutet wird. Die zentrale Bedeutung der Sunna für die modernen Muslime zeigt sich beispielsweise im Sendeplan des in London ansässigen Islam Channel, der Sendungen wie *The Sunnah the Better* bietet, die »muslimische Zuschauer über die Wichtigkeit der Befolgung der Sunna unseres Propheten Mohammed informieren« will, oder auch *The Nobles*, einer Serie, die »das Leben der edlen Gefährten des Propheten Mohammed [behandelt], einer Generation, die sich durch Frömmigkeit, Tapferkeit und Leistungen in der Welt auszeichnete«.

*

Exkurs: Die Wahhabiya

Obschon die arabische Halbinsel die Geburtsstätte des Islam ist, führte diese Region seit der Mitte des 8. Jahrhunderts, als eine Rebellion, die ihren Mittelpunkt im Hedschas hatte, von dem abbasidischen Kalifen niedergeschlagen wurde, tausend Jahre lang ein politisches Schattendasein. Sie gab imperialen Herrschern ein religiöses Ansehen, die weitab im Nordwesten oder Nordosten residierten, aber bezeichnenderweise niemals erwogen, in Arabien ihren Sitz zu nehmen. Die Halbinsel erlangte erst wieder eine größere politische Bedeutung mit Muhammad Abd al-Wahhab (gest. 1792) und seinen Nachfolgern, die gemeinhin (von ihren Gegnern) als Wahhabiten bezeichnet werden, während sie selbst den Begriff *Muwwahidun* (»Einheitler«) wegen ihrer strengen Auslegung des Monotheismus vorziehen. Diese Bewegung ist die einflussreichste Form der Salafiyya islamistischer Spielart, und zwar sowohl wegen ihrer Rolle bei der Ausformung (einige sagen, »Erschaffung«) des modernen Islamismus, als auch wegen der weiten Verbreitung salafistischer Ideen in der gesamten muslimischen Welt durch sie.

Von seiner Geburtsstadt in der arabischen Provinz Nadschd aus predigte Ibn Abd al-Wahhab die Unvereinbarkeit populärer religiöser Bräuche – so des Besuchs der Schreine und Gräber von Heiligen und der blinden Befolgung von Ritualen und Glaubensvorstellungen, die nicht auf Koran und Sunna gegründet waren – mit dem reinen Monotheismus. Alle, die seine religiöse Strenge nicht teilten, betrachtete er als Ungläubige. Als Ungläubige unterlägen nichtwahhabitische Muslime dem Dschihad; die Schreine und Gräber der Heiligen, über die Zwiesprache mit Gott gesucht werde, müssten zerstört werden. Im einzelnen lassen sich diese Ideen auf die Charidschiten des 7. und 8. Jahrhunderts, die Almorawiden und Almohaden (deren Namen übrigens auch vom arabischen Wort *al-Muwahhidun* abgeleitet sind) des 11. bis 13. Jahrhunderts und die Schriften von Gelehrten des

14. Jahrhunderts wie Ibn Taimiyya (gest. 1328) und seines Schülers Ibn Qayyim al-Dschauziya (gest. 1350) zurückführen. Wie bei den meisten Reformern der Geschichte bestand auch Ibn Abd al-Wahhabs Leistung darin, etwas Neues aus alten Ideen zu formen.

In der Mitte des 18. Jahrhunderts verbündeten sich die Wahhabiten mit Muhammad ibn Su'du (später »Saud«), dem Herrscher einer benachbarten Stadt, und in den folgenden 150 Jahren kämpfte die Dynastie Saud darum, ihre Herrschaft und die wahhabitische Richtung des Islam über ganz Arabien auszuweiten. Widerstand kam von Seiten der örtlichen Einwohner, die die Gewalttätigkeit der Bewegung und ihre Respektlosigkeit gegenüber heiligen Stätten empörte, und von den osmanischen Sultanen, die ägyptische Streitkräfte entsandten, welche den Wahhabiten oft empfindliche Niederlagen zufügten. Im 19. Jahrhundert wurde der Saudi-wahhabitische Staat auch durch innere Streitigkeiten, unter anderem über die Nachfolge im Imamat, geschwächt. Trotzdem beweisen die zahlreichen Widerlegungen, die im späten 19. Jahrhundert in der gesamten muslimischen Welt gegen die wahhabitische Lehre verfasst wurden, dass die wahhabitische Ideologie einflussreich war. Und im frühen 20. Jahrhundert wendete sich auch ihr politisches Geschick zum Besseren: Unter der Führung des Imams (danach »Sultans«, schließlich »Königs«) Abd al-Aziz ibn Saud (reg. 1902–53) bemächtigte sich der saudiwahhabitische Staat des größten Teils der arabischen Halbinsel und gründete 1932 das Königreich Saudi-Arabien. Als 1938 dann große Ölvorkommen im Gebiet des Königreichs entdeckt wurden, besaß der wahhabitische Islam die Mittel, seine Botschaft stärker zu verbreiten, als jede andere Richtung des Islam dies konnte. Immer häufiger sind wahhabitische Moscheen, Schulen und Bildungsmaterialien überall dort zu finden, wo Muslime leben.

Die strikte Durchsetzung der wahhabitischen Lehren wurde in mancherlei Hinsicht durch die pragmatische Aufgabe eingeschränkt, einen komplexen Staat zu lenken, außerdem durch das, was die Feinde des Regimes als den korrumpierenden Einfluss des plötzlichen, sagenhaften Reichtums betrachten, sowie durch den Zustrom großer Mengen von (überwiegend) Wirtschaftsmigranten aus anderen muslimischen Gesellschaften, deren Islam sich von der wahhabitischen Version unterscheidet. Die (gelegentliche) Aufweichung der wahhabitischen Haltung ebnete den Weg zu einer engen Zusammenarbeit der Saudis mit Gruppen, die Ibn Abd al-Wahhab als »Ungläubige« betrachtet hätte, so zu der salafistischen Muslimbruderschaft, deren großzügigster finanzieller Unterstützer die Saudis seit den 1950er Jahren sind. Aus diesem wahhabitisch-salafistischen Nährboden ging auch Osama bin Laden hervor, wenngleich die genaue Art seiner Beziehung zum Wahhabismus umstritten ist. Der Wahhabismus könnte auch zum Verständnis des Grabens beitragen, der gegenwärtig die muslimischen Gesellschaften von den jüdisch-christlichen, westlichen trennt (wie genau, wird aber erst im Schlusskapitel dieses Buchs ausgeführt).

*

Generell wurden auch die Schiiten von der Geschichte geformt, aber in anderer Art und in anderem Ausmaß. Vom 9. bis ins späte 19. Jahrhundert tendierten die Zwölferschiiten zum Quietismus, während andere Schiiten (vor allem die Ismailiten) nach politischer Macht im Namen des lebenden Imams strebten. Heutzutage jedoch sind die Zwölferschiiten, deren Machtzentrum die Islamische Republik Iran ist, die Exponenten eines politisch aktiven schiitischen Islam (man beachte das Schwert in der iranischen Staatsflagge und bedenke, dass der Staat 1979 durch eine Revolution entstand), während die Ismailiten überwiegend quietistisch sind.

Die Veränderung in der Haltung der Zwölferschiiten zur politischen Macht hängt mit schiitischen Ansätzen gegenüber der frühen islamischen Geschichte zusammen. Angesichts fehlender starker Herrscher in den safawidischen Ländern erlangten die Ulama im späten 17. Jahrhundert einen großen Einfluss in staatlichen Angelegenheiten. Mit dem Sturz der Safawiden im 18. Jahrhundert entbrannte eine Debatte zwischen zwei Zweigen der Zwölferschia: Die Akhbaris erklärten, dass die Muslime bis zur Rückkehr des zwölften Imams dem Koran und der Sunna folgen müssten; diese Sunna umfasst die Präzedenzfälle, die durch Mohammed und die anerkannten schiitischen Imame gestiftet und in schiitischen Hadithen aufgezeichnet sind. Für sie ist also die Geschichte, die die Taten und Aussagen der schiitischen Autoritäten (sozusagen der schiitischen *salaf*) verzeichnet, von direkter Bedeutung für die Praxis des Islam. Ihre Gegner waren die Usulis, die erklärten, die gegenwärtige schiitische Praxis müsse auf der *idschtihad* (der persönlichen Auslegung des islamischen Rechts) durch führende Ulama beruhen. Am Ende des 18. Jahrhunderts hatten sich die Usulis durchgesetzt. Die usulistische Schia ist in vielerlei Hinsicht für die iranische Revolution verantwortlich zu machen: Die Verbreitung von qualifizierten, zu Idschtihad befähigten Mudschtahid führte zur Entstehung einer klerikalen Hierarchie, an deren Spitze sich die Großayatollahs befinden, deren einer – der Ayatollah Khomeini – die beherrschende Gestalt der Revolution war. In dem inoffiziellen Manifest der Revolution, seinem Buch *Der islamische Staat: Das Wächteramt der Rechtsgelehrten*, erklärte Khomeini, dass die Muslime, um sicherzustellen, den authentischen Islam zu praktizieren, in einem islamischen Staat leben müssten, der von einem führenden Mudschtahid-Juristen (*faqih*) geleitet werden müsste. Nach dem Sieg der Revolution wurde der Ayatollah Khomeini zum ersten derartigen Staatslenker.

Das Vertrauen auf lebende Mudschtahids reduziert notwendigerweise die Bedeutung der Sunna im schiitischen Islam. Dass unter den Schiiten zudem die Auffassung herrscht, die Geschichte sei seit dem Zeitpunkt, als Ali im Nachfolgestreit nach Mohammeds Tod übergangen wurde, falsch verlaufen, musste die Rolle der Geschichte bei der Bestimmung der schiitischen Praxis noch weiter herabsetzen. Gleichwohl haben sich im Zusammenspiel der Schia mit der Geschichte Praktiken herausgebildet, die einzig (zumindest ursprünglich) dem schiitischen Islam angehören: die Ta'ziya (die schiitischen Passionsspiele) und das Selbstmordattentat.

Nach Meinung aller Schiiten war Alis zweiter Sohn Hussein (nach Ali und seinem älteren Bruder Hasan) der dritte Imam in der Nachfolge Mohammeds. Nachdem die Umayyaden 661 an die Macht gekommen waren, wurde es immer deutlicher, dass Hussein kaum als Imam würde herrschen können; im Jahr 680 unternahm er mit seinen Anhängern einen Aufstand gegen den Umayyadenkalifen Yazid. Dieser wurde in Kerbela am zehnten Tag des ersten Monats im muslimischen Kalender, der bis dahin ein freiwilliger Fastentag gewesen war (entsprechend dem jüdischen Jom Kippur, der ebenfalls am zehnten Tag des ersten Monats nach Neujahr gefeiert wird), brutal niedergeschlagen. Zum Gedenken an den von Yazids Händen erlittenen Märtyrertod Husseins führen die Schiiten am Jahrestag des Ereignisses Passionsspiele (Ta'ziya) auf, in denen das Leiden und die Ermordung Husseins nachgespielt werden. Diese Passionsspiele sind ein beliebtes Ritual, das überall verbreitet ist, wo es schiitische Gemeinden gibt. Einheimische haben dabei Gelegenheit, über religiöse und moralische Fragen zu reflektieren und in manchen Fällen auch kaum verhüllte Kritik an herrschenden Machthabern zu äußern, indem sie deren unpopuläre politische Aussagen Yazid in den Mund legen. Hier hat also ein Ereignis aus dem 7. Jahrhundert dem schiitischen Islam eines seiner besonders ausgeprägten Rituale geliefert.

Märtyreraktionen oder »Selbstmordattentate« sind theoretisch im sunnitischen Islam verboten. Wer in Ausübung des Dschihad fällt, wird zwar selbstverständlich zum Märtyrer, aber die klassischen Quellen betonen, dass es verboten sei, mit der

Absicht zu sterben in den Kampf zu ziehen (Sure 4,29 ist der Koranvers, der zur Unterstützung dieser Ansicht angeführt wird). Viele Schiiten stimmen dem nicht zu. Wegen des Martyriums Husseins (und der meisten anderen Imame der Zwölferschiiten) und des oben diskutierten Gefühls, Opfer der Geschichte zu sein, hat sich bei den Schiiten eine Tradition herausgebildet, solche Praktiken zu billigen. Es ist daher kein Zufall, dass die berühmt-berüchtigtste Gruppe der islamischen Geschichte, die sich auf Selbstmordattentate einließ, eine schiitische war (die ismailitischen »Assassinen«). Und es ist auch kein Zufall, dass Selbstmordattentate in der modernen Ära erstmals (1983 in Beirut) von der schiitischen Hisbollah, der »Partei Gottes«, verübt wurden. Die Wirksamkeit dieser billigen, nicht auf Hochtechnologie angewiesenen Form der Kriegsführung machte dann auch sunnitische Islamisten auf sie aufmerksam, von denen einige diese Praxis, wenn auch zögernd, übernahmen. Die Zulässigkeit solcher »Märtyreroperationen« ist unter sunnitischen Autoritäten aber nach wie vor heiß umstritten.

Episoden aus den Biographien des Propheten und der *salaf* (beziehungsweise, bei den Schiiten, der Imame) sind für religiös gesinnte Muslime auch außerhalb des Zusammenhangs mit der Scharia eine das eigene Verhalten beeinflussende Quelle der Inspiration. So war die Entstehung des Islam während der gesamten islamischen Geschichte das Paradigma für religiöse Revolutionäre. Die Charidschiten beispielsweise erklärten, es sei eine zwingende Verpflichtung, Länder zu verlassen, die unter einer illegitimen (d.h. nichtcharidschitischen) Herrschaft stünden, und nannten diesen Auszug nach dem Vorbild des Auszugs des Propheten aus dem heidnischen Mekka nach Medina *hidschra*. Auch die Abbasiden und Fatimiden veranstalteten Hidschras: Die Abbasiden zogen aus »dem Zentrum« nach Chorasan, um anschließend ins Zentrum zurückzukehren und ihre Feinde zu schlagen (wie Mohammed das getan hatte); die Fatimiden emigrierten nach dem Jemen und nach Nordafrika, um dann als erfolgreiche Eroberer ostwärts in Ägypten einzuziehen. Noch klarere Beispiele liefern muslimische Reformer und politische Aktivisten (meistens aus Afrika), die in ihren Handlungen klar dem Muster der Biographie des Propheten folgten. Usman dan Fodio (1754–1817) beispielsweise führte seine Anhänger aus ihrer Heimatstadt (eine Hidschra) und unternahm dann im Land der Haussa im heutigen Nigeria einen Dschihad gegen örtliche Muslime, deren Praxis des Islam ihm wegen des Einbezugs vorislamischer Rituale als Apostasie erschien. Er begeisterte seine Anhänger mit gereimten Versen (der Koran besteht überwiegend aus Reimprosa) zum Dschihad, und seine Nachfolger nannten sich »Kalifen«. Ein weiteres Beispiel ist der Mahdi des Sudan im späten 19. Jahrhundert: Auch er unternahm eine Hidschra, seine Anhänger wurden als *'ansar* bezeichnet (wie die Anhänger Mohammeds in Medina), und auch auf ihn folgte ein »Kalif«.

Ein weiteres Beispiel für den informellen Einfluss der frühen islamischen Geschichte auf Muslime lieferte eine im Internet verbreitete Fatwa von Scheich Yusuf al-Qaradawi (geb. 1926). Dieser antwortete auf die Frage, ob Muslime israelische Waren boykottieren sollten:

> »Araber und Muslime müssen alle Unternehmen boykottieren, die zugunsten des Zionismus eingestellt sind. [...] Der Boykott ist eine sehr scharfe Waffe, die in der Vergangenheit angewendet wurde und heute angewendet wird. Sie wurde von den Heiden in Mekka gegen den Propheten Mohammed (Friede und Segen sei über ihm!) und seine Gefährten eingesetzt. Sie verursachte ihnen großes Leid, sie mussten sogar Blätter essen. Sie wurde auch von den Gefährten des Propheten (Friede und Segen sei über ihm!) im Kampf gegen die Heiden in Medina eingesetzt.«

Al-Qaradawis Antwort behauptet nicht, dass Boykotte ein verpflichtender Teil der Sunna wären, sie betont vielmehr, dass sie sich historisch als ein wirksames Mittel im Kampf erwiesen hät-

Ta'ziya-Passionsspiel (Karatschi, Pakistan).
Das Pferd repräsentiert das Streitross Husseins

ten. Dass das historische Beispiel, dessen er sich bedient, der Biographie des Propheten entnommen ist, liegt daran, dass sunnitische Autoritäten, die traditionelle Antworten auf moderne Fragen suchen, sich hier als erstes umschauen, und außerdem an der großen Resonanz, die ein solches Beispiel findet. In ähnlicher Haltung versuchte der immens einflussreiche Islamist Sayyid Qutb (gest. 1966), die muslimischen Behörden und Gesellschaften seiner Zeit zu delegitimieren, indem er auf sie den Begriff der *dschahiliyya*, des »Zeitalters der Unwissenheit«, anwendete, aus der Mohammed und der Islam die damalige Welt geführt hätten.

In manchen der angeführten Fälle ist es schwer, zwischen der »religiösen« und der »politischen« Bedeutung der islamischen Geschichte zu unterscheiden, weil die politische Relevanz der Biographien Mohammeds und der *salaf* in direkter Beziehung zu ihrem religiösen Ansehen unter den Gläubigen steht. Es gibt jedoch auch Wege, auf denen die islamische Geschichte von Menschen mit weniger religiösen Qualifikationen oder Ansprüchen genutzt wird, um Muslime zu beeinflussen, die nicht an Religion interessiert sind (oder auch Nichtmuslime). Davon berichtet das folgende Kapitel.

Kapitel 7

Politische Bedeutung

Es wird häufig erklärt, einer der bezeichnendsten Unterschiede zwischen dem jüdisch-christlichen Westen und dem Islam bestehe darin, dass letzterer keine Tradition der Trennung von »Kirche« und »Staat« kenne. Viele Bücher behandeln dieses Thema, aber das vorliegende gehört nicht dazu. Wir beschränken uns auf die Feststellung, dass die Dinge nicht so einfach liegen: Ab dem 10. Jahrhundert (wenn nicht schon früher) gab es faktisch eine Unterscheidung zwischen der Verwaltung einerseits der religiösen und andererseits der staatlichen Angelegenheiten, bei der verschiedene Gruppen die Verantwortung für die eine oder die andere Sphäre beanspruchten und wahrnahmen. Die beiden Sphären konnten sich gelegentlich überschneiden – das Führen eines Dschihad ist sowohl für die Religion als auch für den Staat von Belang –, sie sind aber gleichwohl unterscheidbar. Die Beseitigung der vorhandenen Trennung von »Religion« und »Politik« ist das eigentliche Ziel der Islamisten, und diese faktische Trennung bestimmt auch den Aufbau des vorliegenden Buchs: Während das vorige Kapitel den Einfluss der Geschichte des Islam auf die religiösen Angelegenheiten untersuchte, widmet sich dieses ihrem Einfluss auf die Politik.

Alle Menschen bedenken ihre Beziehung zur Vergangenheit (auch wenn sie sie ablehnen), und die Muslime bilden darin keine Ausnahme: Als Osama bin Laden den Einmarsch der USA und ihrer Verbündeten mit der mongolischen Invasion der 1250er Jahre verglich, spielte er auf ein historisches Ereignis an, das seit 750 Jahren starken Widerhall findet. Die Vernichtung des abbasidischen Kalifats durch die Mongolen hat sich im Gedächtnis der Umma so festgesetzt wie die Schlacht von Hastings (1066) im historischen Bewusstsein der Briten. Es ist auch nicht weiter verwunderlich, dass sich die Menschen an einschneidende historische Ereignisse erinnern. Der Status der islamischen Geschichte unter den Muslimen unterscheidet sich allerdings insofern, als den Muslimen überall nicht nur die großen Linien und entscheidende Ereignisse, sondern auch viele der (oft beiläufigen) Details vertraut und aussagekräftig sind. Überdies hat die Achtung, in der die Geschichte in den muslimischen Gesellschaften steht, sogar dazu geführt, sie in politischen Zusammenhängen einzusetzen, in denen das Zielpublikum kein muslimisches ist. Für all dies werden unten Beispiele gegeben.

Nicht alle Epochen und Regionen der islamischen Geschichte finden unter den Muslimen gleichen Widerhall. Als allgemeine Regel lässt sich sagen, dass ein Ereignis umso eher weithin bekannt ist, je früher es stattfand, und dass insbesondere Berichte über Mohammed, seine Gefährten und die frühen muslimischen Eroberungen beliebt sind. Entsprechend besteht fast ohne Ausnahme das gesamte historische Material, auf das sich Muslime zu politischen Zwecken beziehen, aus Episoden aus den drei Epochen zwischen 600 und 800, 800 und 1100 sowie 1100 und 1500. Das liegt einfach daran, dass bis vor kurzem überall dort, wohin sich der Islam ausbreitete, mit der Religion zusammen auch die historischen Berichte importiert wurden und dann auf diesem Stand verharrten. Die folgenden Kapitel der historischen Überlieferung berücksichtigten dann hauptsächlich lokale Ereignisse, aber nicht Dinge, die sich anderswo zutrugen. In vormodernen Zeiten bot der Hadsch, zu dem Muslime aus aller Welt kamen, eine Gelegenheit, sich über Entwicklungen in fernen Ländern auszutauschen, aber erst die moderne Technologie hat das Verhältnis der muslimischen Gesellschaft zur Geschichte ab 1500 grundlegend verändert, so dass nun auch neuere Ereignisse Muslimen überall zur Kenntnis gelangen.

Eine weitere Faustregel lautet, dass Ereignisse aus zentral gelegenen islamischen Ländern in einem größeren Umkreis bekanntwerden als solche aus peripheren Regionen. Nehmen wir das folgende Beispiel: In einem umkämpften Teil der islamischen

Welt wurde von einem der dortigen Staaten eine große Trennmauer errichtet, um seinen Anspruch auf das völkerrechtlich umstrittene Territorium durchzusetzen. Die Gegner der 2700 km langen Mauer nennen sie »den Wall der Schande«, und große Teile der einheimischen Bevölkerung, die jenseits der Mauer leben, haben den Flüchtlingsstatus. Wer nun an die Mauer denkt, die Israel von Palästina trennt, liegt falsch: Die besagte Mauer läuft durch die ehemalige spanische Kolonie Westsahara und wurde in den 1980er Jahren von der marokkanischen Regierung, die das Land annektiert hatte, errichtet. In Marokko bezeichnet man den »Wall der Schande« einfach als »die Böschung«. Die Tatsache, dass diese Mauer kaum bekannt ist, während die andere, viel kürzere in Israel-Palästina zu einem geschmähten Symbol wurde, illustriert das Ungleichgewicht in der Wahrnehmung verschiedener Regionen und Epochen der islamischen Welt: Einige Regionen hatten stets einen scheinbar disproportional großen Einfluss auf das kollektive Bewusstsein, während andere schnell der Aufmerksamkeit entgehen. Marokko wurde erst spät in das Kalifat einbezogen und löste sich früh wieder daraus, anders als die muslimischen Lande des Nahen Ostens, von denen über viele Jahrhunderte Macht und Einfluss ausging. Und unter den zentralen islamischen Ländern findet wiederum das Heilige Land außerordentlich große Aufmerksamkeit, weil hier viele historische Episoden der Sira, der frühen Eroberungen und der Kalifengeschichte stattfanden, weil es Gegenstand interreligiöser Kontroversen ist und sich eine große Menge religiöser Schriften aus allen Zeiten um das Gebiet ranken.

Die Bedeutung der islamischen Geschichte ist an der politischen Sprache ablesbar, die seit der Entstehung des Islam bis heute eingesetzt wird. In manchen Fällen ließe sich behaupten, dass die bemerkenswerte Ähnlichkeit zwischen der klassischen und den modernen Formen des Arabischen für die Verwendung »historischen« Vokabulars in modernen Kontexten verantwortlich ist. So wurde der Begriff *fida'i* (»jemand, der sich für einen anderen opfert«) erstmals zu Beginn der von 1100 bis 1500 dauernden Epoche in einem politischen Sinne verwendet, und zwar in Bezug auf die ismailitischen Assassinen. In der Pluralform *fedajin* taucht er dann in der Mitte des vorigen Jahrhunderts bei Iranern, Palästinensern, Ägyptern und Irakern auf. In anderen Fällen erfolgt die Verwendung einer historisch aufgeladenen Terminologie aber unverkennbar bewusst: Die Berberaufstände gegen die frühen Eroberer Nordafrikas wurden als *ridda* in Anspielung auf die Ridda-Kriege nach Mohammeds Tod bezeichnet, ähnlich wie die religiösen Reformer, die wir im vorigen Kapitel kennenlernten, ihre Taten und Handlungen in Begriffen aus der Sira präsentierten. In ähnlicher Weise versuchten moderne muslimische Staaten – insbesondere Ägypten unter Gamal Abdel Nasser (gest. 1970), Anwar al-Sadat (gest. 1981) und Hosni Mubarak (geb. 1928) –, die islamistischen Gegner ihrer Herrschaft als »Charidschiten« zu diskreditieren, die, wie es den historischen Charidschiten aus der frühen Geschichte des Islam offiziell attestiert wird, schädliche Uneinigkeit (*fitna*) unter den Muslimen verbreiten würden.

Auch Rivalitäten in modernen muslimischen Gesellschaften werden gerne in den Rahmen traditioneller Konflikte aus der islamischen Geschichte gestellt. Als zwei Gruppen im Sudan des 19. Jahrhunderts miteinander um örtliche Wasserrechte stritten, brachten sie sich gegeneinander in Stellung, indem sie behaupteten, von den Umayyaden beziehungsweise den Abbasiden abzustammen. Als vom 17. bis 20. Jahrhundert rivalisierende Parteien im osmanischen Palästina und im Libanon um Einfluss rangen, nannten sie sich »Qais« und »Yaman«. Diese Namen sollen aus vorislamischer Zeit stammen, als sich Einwohnern Nordarabiens (den Qays) Zuwanderer aus dem Süden, dem Jemen (daher »Yaman«) anschlossen, wobei zwei große Konföderationen arabischer Stämme entstanden. Diese Unterscheidungen sollen sich Mitte des 7. Jahrhunderts geändert haben, als Mitglieder beider Stammesverbände sich in Garnisonsstädten im Nahen Osten ansiedelten und ihre Abstammung umschrieben, damit sie dem neuen Siedlungsmuster und den neuen Allianzen entsprach, die aus den Umbrüchen in der arabischen Gesellschaft im Gefolge der Eroberungen entstanden waren. Nachdem sich ab etwa 700 der Staub des zweiten Bürgerkriegs (680–692) gelegt hatte, waren zwei verschiedene Fraktionen von »Qais« und »Yaman« entstanden, deren Rivalität die Politik des umayyadischen Kalifats bestimmen sollte. Die Historiker sind sich über die Ursprünge, den Charakter und die Bedeutung dieser Rivalität uneins, was aber die Einwohner Palästinas und des Libanon in der jüngeren Vergangenheit nicht daran hinderte, diese historische Anspielung mühelos und nonchalant aufzugreifen.

Zweifellos darf die Bedeutung des Aufgreifens historischer Anspielungen, auch in politischen Kontexten, nicht überschätzt werden: Wenn heute vom »Kaiserschnitt« die Rede ist, will niemand eine Anspielung auf die römische Geschichte und die Legende machen, Julius Cäsar sei aus dem Leib seiner Mutter geschnitten worden. Deswegen muss betont werden, dass es zeitgenössische politische Themen gibt, bei denen die islamische Geschichte bewusst und absichtsvoll eingesetzt wird, und zwar aus zwei Gründen: In manchen Fällen ist das ein Mittel, um die Umma als ganze hinter einer politischen Forderung zu einen, in anderen dient sie als Mittel, um die Einstellung eines Herrschers zu einer politischen Frage und deren gewünschte Lösung zu verdeutlichen, indem man sich auf Episoden der islamischen Geschichte bezieht, deren Ausgang bekannt ist. Zwei Fallbeispiele, die modernen Lesern bekannt sind, mögen ausreichen, um das zu verdeutlichen: der Israel-Palästina-Konflikt und der Krieg zwischen dem Iran und dem Irak (1980–88).

Israel – Palästina

Die islamische Geschichte hat bei diesem Thema aus zwei Gründen, die mit den oben erwähnten Grundregeln zusammenhängen, größeren politischen Einfluss als bei jedem anderen. Zum einen lässt sich der moderne Konflikt leicht zu Episoden aus der Sira in Beziehung setzen, in denen Mohammeds Beziehung zu den Juden in Medina von einer zentralen Bedeutung für sein Geschick ist, die nur von der zu den Mekkanern übertroffen wird. Entsprechend lässt sich die Prophetenbiographie (untermauert mit mehreren hundert Hadithen) heranziehen, um zu beweisen, dass »die Juden« nicht vertrauenswürdig, verschlagen, hochmütig und hinterhältig seien und die Vergeltung der Muslime verdienten. Bequemerweise werden die Israelis in vielen muslimischen Medien auch meistens als »Juden« bezeichnet. Und Mitglieder der Hisbollah skandierten (die Worte reimen sich auf Arabisch): »Chaibar, Chaibar, ihr Juden, die Armee Mohammeds kommt wieder!« Das ist eine Anspielung auf die Niederlage, die Mohammed 628 den Juden in der Oase Chaibar zufügte, und verbindet – der entscheidende Punkt – die modernen Israelis mit den Juden aus Mohammeds Zeit. Die Juden in Israel werden sogar als die Feinde Mohammeds aus Mekka in Szene gesetzt (anders als die realen Nachkommen dieser Mekkaner, die als Muslime nicht den Gegensatz zur Umma verkörpern können, da sie ein Teil von ihr sind). So trug der ägyptische Angriff auf die Bar-Lev-Linie (eine Kette von Befestigungsanlagen am Suezkanal) im Krieg von 1973 den Codenamen »Operation Badr« in Anspielung auf die Schlacht von Badr, in der Mohammed 624 die Mekkaner besiegte.

Schließlich noch ein Beispiel dafür, dass sich ein muslimischer Führer auf die islamische Geschichte bezieht und damit seine politischen Absichten verkündet: Jassir Arafat wiederholte immer wieder, dass eine Friedensvereinbarung mit Israel ein »Hudaibiyya-Vertrag« sei. Kommentatoren, die die islamische Geschichte nicht kennen, würden die Folgerung verkennen, dass ein solcher Frieden mit Israel, so wie Mohammeds 628 mit den Mekkanern geschlossene Vereinbarung, nur ein zehnjähriger Waffenstillstand wäre, der bei der geringsten Provokation aufgekündigt werden könnte (Mohammed beendete den Waffenstillstand schon im Jahr 629).

Zum zweiten stand Palästina im Mittelpunkt einer Reihe prägender Episoden der islamischen Geschichte, die überwiegend mit der Heiligkeit dieser Region zu tun haben. Laut den traditionellen Quellen beteten die Muslime ursprünglich gen Jerusalem gewandt; erst nach 624 wurde die Gebetsrichtung (*qibla*) auf Mekka geändert. Frühe arabische Quellen melden auch, Abd al-Malik habe den Felsendom errichten lassen, um den Hadsch von Mekka (wo sein wichtigster politischer Gegenspieler verankert war) nach Jerusalem abzulenken; religiöse Autoritäten jener Zeit sollen betont haben, dass dieser Stadt der gleiche oder sogar noch ein höherer Rang zukomme als Mekka. Moderne Gelehrte erklären, dass die einige Jahrzehnte zuvor erfolgte Eroberung für die zeitgenössischen Juden messianische Untertöne hatte (und – wie einige, die nicht vor gewagten Hypothesen zurückschrecken, meinen – auch für die Muslime). Dass die Byzantiner und die berüchtigten Kreuzfahrer mit wechselndem Erfolg versuchten, die Stadt und das Heilige Land zurückzuerobern, diente dazu, die Wichtigkeit der Region und die Notwendigkeit, um sie zu kämpfen, im Bewusstsein zu halten: Die Kreuzfahrer inspirierten ein ganzes Genre der muslimischen Literatur, das den Preis Jerusalems sang und die Pflicht der Umma betonte, die Stadt gegen die Aggression der Ungläubigen zu schützen.

Insofern kann es nicht überraschen, dass Politiker, die sich als volkstümliche muslimische Heroen präsentieren wollen, sich auf die historischen Siege gegen die Invasoren in Palästina berufen: Sowohl der syrische Präsident Hafiz al-Assad (reg. 1971–2000) als auch sein irakischer Kollege Saddam Hussein (reg.

1979–2003) errichteten Saladin in ihrer jeweiligen Hauptstadt Denkmäler.

Saddam verglich sich darüber hinaus auch öffentlich mit Saladin und Nebukadnezar. Der erstere stammte wie er selber aus Tikrit (nördlich von Bagdad) und wurde durch die Rückeroberung Jerusalems von den Kreuzfahrern berühmt; der letztere war wie Saddam ein Herrscher des Irak (des damaligen Babylonien) und berühmt dafür, dass er in der Antike die Juden aus dem Heiligen Land weggeführt hatte. Saddams politische Aussage bedeutete also, er sei der Herrscher, der den Muslimen Palästinas zu Hilfe kommen, die Juden schlagen und das Land wieder unter muslimische Herrschaft bringen werde. »Die Juden« ihrerseits sind in einigen Teilen der muslimischen Welt in politischen Reden, öffentlichen Debatten und sogar in Schulfibeln zu »Kreuzfahrern« geworden. So wurde in örtlichen Medien die israelische Belagerung Beiruts von 1982 mit der Belagerung Akkons durch die Kreuzfahrer in den Jahren 1189 bis 1191 verglichen: An diesem Beispiel (einem von vielen) ist nicht so sehr interessant, dass Muslime den naheliegenden, oberflächlichen Vergleich zwischen modernen und mittelalterlichen ungläubigen Invasoren Palästinas ziehen, sondern dass ein relativ marginales Ereignis der mittelalterlichen Geschichte beiläufig angeführt und seine Kenntnis allgemein erwartet werden kann. Dass der Israel-Palästina-Konflikt (gegenüber anderen gewalttätigeren und kostspieligeren Konflikten) dermaßen den Westen beschäftigt, setzt prinzipiell voraus, dass man um die Wichtigkeit dieses Themas für Muslime weiß.

Der Iran-Irak-Krieg

Während des Iran-Irak-Kriegs machte Saddam Hussein von der islamischen Geschichte besonders intensiv politischen Gebrauch, und die Iraner und Ayatollah Khomeini antworteten ihrerseits mit Geschichtsstunden. Beide Seiten betrachteten die

Saddam Hussein und Nebukadnezar II. (reg. 605–562 v. u. Z.)

Statue Saladins (Damaskus, Syrien)

islamische Geschichte als ein sehr wirksames Propagandainstrument, mit dessen Hilfe sich militärische und Massenunterstützung für die Feldzüge gewinnen ließ, und zwar sowohl innerhalb beider Länder als auch innerhalb der gesamten Umma.

Wie zu erwarten, bezogen sich die iranischen Schiiten dabei in erster Linie auf die Schlacht von Kerbela, das Martyrium von Alis Sohn Hussein und die Tyrannei des umayyadischen Kalifen Yazid, für den in diesem Zusammenhang der irakische Diktator stand. Sehr wahrscheinlich lieferten diese historischen Verweise den iranischen Soldaten direkte Inspiration, die während des Krieges in sehr großer Zahl zu »Märtyrern« wurden. (Die Zahl der getöteten oder verletzten iranischen Kämpfer belief sich auf mehr als eine Million.) Nicht weniger als zehn iranische Militäreinsätze trugen den Namen »Operation Kerbela«. Interessanterweise wurde aber selbst das Palästinathema mit ins Spiel gebracht: Ein iranischer Vorstoß auf Basra wurde als »Operation Chaibar« bezeichnet, und eine frühe iranische Kriegslosung lautete: »Die Straße nach Jerusalem führt über Bagdad!«

Schon vor dem Krieg hatte Saddam Hussein seine Antipathie gegenüber dem Iran und seinen Völkern mit öffentlichen Äußerungen über die Rolle von »Persern« bei der Ermordung des zweiten, dritten und vierten rechtgeleiteten Kalifen bekundet. Am Vorabend und während des gesamten Krieges wurden die Iraner oft als *fars* bezeichnet; dieser Name bezeichnet in der islamischen Geschichte die vorislamischen Perser, die im 7. Jahrhundert von der Umma besiegt worden waren. Die für die Eroberung des Iran entscheidende Schlacht wurde 637 bei Kadesia geschlagen, und Saddams Propaganda bezeichnete den Krieg denn auch als »Saddams Kadesia«, also als bevorstehenden Sieg der Araber (Irak) über die Perser (Iran). Diese historische Anspielung war für die iranische Führung so bedeutsam, dass sie konterte, der Krieg sei in der Tat ein zweites Kadesia, das den Sieg der Muslime (Iraner) über eine ungläubige Streitmacht (die säkulare irakische Regierung) symbolisiere. Stolz auf den Sieg von Kadesia haben jedoch beständig vor allem die Iraker und andere Sunniten in der Region bekundet, indem sie (in Jordanien und im Irak) Universitäten und Fußballclubs (in Kuwait und Saudi-Arabien) nach der Schlacht benannten. Übrigens ließen sich aber auch moderne iranische Fußballclubs von der islamischen Geschichte inspirieren: Die Mannschaft aus Maschhad heißt »Abu Muslim« nach dem Namen des Anführers der abbasidischen Revolution (747–750).

Wie auch im Fall des Israel-Palästina-Konflikts ist es bezeichnend, dass die Muslime sich nicht einfach auf große historische Ereignisse beziehen, sondern genau auf die Namen von Personen, Städten, Schlachten und anderen Ereignissen, die rund 1300 Jahre zurückliegen. Die Tatsache, dass der politische Gebrauch der islamischen Geschichte in ganz beiläufigen Anspielungen auf historische Episoden aus den frühen Jahrhunderten und den zentralen Regionen des Islam bestehen kann, belegt, welchen Nachhall die islamische Geschichte beim breiten Publikum zu wecken vermag, selbst wenn ein großer Teil davon aus ungebildeten Menschen oder sogar Analphabeten besteht. Unter den muslimischen Völkern hat die Geschichte ihren Platz nicht nur im Elfenbeinturm, sondern auch in den Kaffeehäusern und auf den Gassen.

Der Nationalismus und die islamische Geschichte

Die religiöse und politische Bedeutung der islamischen Geschichte wurde mit den neueren Vorstellungen von Nationalismus, Identität und Geschichte, die im 19. Jahrhundert aus dem Westen in die muslimische Welt eingeführt wurden, zu ausgeprägt »ethnischen« Geschichtserzählungen verbunden. Einige davon bedienten sich direkt der islamischen Geschichte, während andere die traditionelle Erzählung samt ihrer Botschaft verzerrten. In dieser Weise stützte sich die »nationalistische« irakische Lesart der islamischen Geschichte, die während des Iran-Irak-Kriegs propagiert wurde und in der arabische Helden gegen persische Schurken in Stellung gebracht wurden, auf einen Umgang mit der Geschichte, den arabische, persische und türkische Nationalisten schon lange vor den 1980er Jahren gepflegt hatten.

Mohammed soll gesagt haben, dass »Vaterlandsliebe ein Teil des Glaubens« sei, aber in der Praxis kollidierte die Loyalität gegenüber dem Heimatland oft mit der Loyalität gegenüber der Umma. Auf der einen Seite übernahmen nationalistische Bewegungen »islamische« Ideen: Die arabischen Nationalisten zogen es beispielsweise vor, nicht einer arabischen »Nation« (*scha'b*), sondern einer arabischen Umma anzugehören. Auf der anderen Seite erforderte die bewusste Konstruktion neuer Identitäten, die Geschichte in den Dienst einer Nation zu stellen – insbesondere unter Völkern, bei denen die Geschichte traditionell eine prägende Rolle bei der Bestimmung ihres Platzes in der Welt gespielt hatte. Die islamische Geschichte wurde daher von den Nationalisten nicht aufgegeben, sondern uminterpretiert und neuen Erzählungen und neuen politischen Zwecken angepasst.

Die traditionellen islamischen Versionen der Geschichte wichen historischen Perspektiven, die über die Religion hinausgingen. Dies liegt zum einen an möglichen Interessenkonflikten zwischen der Nationalität und der islamischen Identität und zum anderen an der Tatsache, dass jene Araber, Perser und Türken, die die nationalistischen Bewegungen vorantrieben, oft säkulare Muslime oder überhaupt keine Muslime waren. Bei den neuen Versionen der Geschichte berief man sich nun auf islamische, aber auch auf vorislamische geschichtliche Gestalten als Quelle der Inspiration und des Nationalstolzes, darunter auch auf solche, die in den traditionellen Quellen schlechtgemacht wurden. So wurden aus Nebukadnezar und den ägyptischen Pharaonen arabische Helden, während sie traditionell als Tyrannen galten, die den Monotheismus im Nahen Osten unterdrückt hatten. Die Türken führten ihre Herkunft stolz auf antike (nichtmonotheistische) Völker wie die Hethiter oder Sumerer zurück; die Libanesen beriefen sich auf (wirkliches oder eingebildetes) phönizisches Erbe und die Palästinenser auf ihre Abstammung von den Kanaaniten (womit sich auch gleichzeitig ein Besitzrecht auf das Heilige Land beanspruchen ließ, das älter war als das der Israeliten).

Aber nicht nur nichtislamische (oder sogar antiislamische) historische Figuren wurden so von den Nationalisten in den Vordergrund gestellt, sondern auch die islamische Geschichte wurde durch eine neue Brille betrachtet. Die arabischen Nationalisten glorifizierten beispielsweise bewusst die *dschahiliyya* (den Begriff für die vorislamische arabische Gesellschaft, der für die Islamisten eine Metapher für Gottlosigkeit und Unmoral war). In ähnlicher Weise rehabilitierten die Panarabisten den Ruf der umayyadischen Kalifen, die in der traditionellen, von den Gelehrten der abbasidischen Ära geschriebenen Version der Geschichte und bei allen, die dieser anhingen, als unfromme Usurpatoren des Kalifenamts gebrandmarkt wurden. Nach einem syrischen Gelehrten der 1940er Jahre war Damaskus unter den Umayyaden hingegen

> »der Sitz der Könige und Kalifen [...], die wichtigste Hauptstadt der alten Welt, der Hort der Zivilisation und Kultur, das Verwaltungszentrum eines gewaltigen Imperiums und einer großen Armee. [In der Umayyadenzeit] vereinten sich Dichtung, Literatur und Kunst, die führende Rolle in Philosophie, Wissenschaft, Kriegsmacht und Verwaltung, an den Ufern der kleinen Flüsse der Stadt. Damals war Damaskus die Welt, und die Welt war Damaskus.«

Traditionelle Muslime mochten darin keine vertretbare Deutung der Geschichte erblicken, aber eine derartige politische Nutzung der Geschichte war ihnen durchaus vertraut.

Die islamische Geschichte und die westlichen Gesellschaften

Die islamische Geschichte ist zweifellos für Muslime allüberall von direkter religiöser und politischer Bedeutung, gleichgültig ob es sich bei ihnen um traditionelle Sunniten, islamistische oder modernistische Salafis, Schiiten oder andere Gruppen handelt. In den letzten Jahrzehnten hat es auch Versuche gegeben (und zwar von Muslimen und von Menschen aus dem Abendland), einige Lektionen der islamischen Geschichte im Interesse politischer Ziele auch bei Nichtmuslimen im Westen zu verbreiten.

Das beste Beispiel für diesen Trend sind die Legenden und Anti-Legenden, die sich um ein »Goldenes Zeitalter« in Spanien ranken. Die Legende lautet, dass in al-Andalus unter islamischer Herrschaft Muslime, Christen und Juden in einer interreligiösen Utopie gelebt und unter dem stabilen Schutz der muslimischen Herrscher prosperiert hätten. Die Idee wurde im späten 19. Jahrhundert von deutsch-jüdischen Gelehrten aufgebracht und genutzt, um ihren deutschen nichtjüdischen, angeblich aufgeklärten Kollegen vorzuhalten, dass die deutschen Juden noch nicht einmal das Ausmaß an Gleichheit genössen, das (vormoderne) Muslime den Juden gewährt hätten. In jüngerer Vergangenheit wurde die Legende dann von Antizionisten und Islamisten benutzt, die behaupteten, die Gründung des Staates Israel sei für den gegenwärtigen Konflikt in der Region verantwortlich; zuvor hätten Muslime und Juden in friedlicher Harmonie koexistiert, und die zionistische Bewegung hätte diesen erfreulichen Status quo zerstört. Um diese Harmonie wiederherzustellen, müsse der Staat Israel aufgelöst werden. Nach islamistischer Ansicht sollten alle Nichtmuslime unter muslimischer Herrschaft leben, weil nur unter dem Islam alle Religionen in Frieden leben könnten.

Die Legende vom Goldenen Zeitalter in Andalusien provozierte als gleichermaßen einfach gestrickte Reaktion einen Gegenmythos (häufig vertreten von Juden, die im vorigen Jahrhundert aus muslimischen Ländern vertrieben worden waren). Dieser besagt, Juden und Christen seien während der gesamten Geschichte vom Islam und den Muslimen schlecht behandelt worden. In Spanien und auch anderswo seien Nichtmuslime unter dem Islam Bürger zweiter Klasse gewesen, den Launen fanatischer Herrscher ausgeliefert, die den Islam mit dem Schwert verbreitet und immer wieder ihre ungläubigen Untertanen ausgeplündert hätten.

Sowohl die Legende wie auch ihr Gegenteil sind aus vielfachen Gründen hoffnungslos einfältig. Auf der einen Seite lässt sich kaum aufrechterhalten, dass es wirklich ein interreligiöses Utopia in Andalusien gegeben hätte: Selbst Maimonides (1135–1204), das Aushängeschild für Programme zu interreligiösem Dialog und abrahamitischer Einheit, musste unter der Herrschaft der Almohaden aus Spanien fliehen, wie zuvor schon viele andere Juden Zuflucht vor der Gewalt der Almoraviden in Städten gesucht hatten, die im späten 11. Jahrhundert von den Christen zurückerobert worden waren. Zwar stimmt es, dass Nichtmuslime in Andalusien eine quantitativ und qualitativ eindrucksvolle Kultur hervorbrachten, aber im Zentrum der Legende vom Goldenen Zeitalter steht eine ausgeprägte politische Toleranz, die in al-Andalus (vielleicht mit Ausnahme Córdobas vom mittleren bis späten 10. Jahrhundert) kaum jemals existierte. Auf der anderen Seite ist es aber genauso unangemessen, von den Nichtmuslimen als Bürgern zweiter Klasse zu sprechen. Noch ganz abgesehen von dem Anachronismus der Formulierung ist unbestreitbar, dass es in den meisten historischen muslimischen Gesellschaften einigen Christen und Juden gelang, in hohe Verwaltungspositionen aufzusteigen, während einige ihrer muslimischen Nachbarn ein kümmerliches Dasein fristeten.

Wichtig an diesen Legenden ist nicht so sehr ihr Wahrheitsgehalt, sondern die Tatsache, dass sie von Menschen aus dem Westen erdacht wurden und auf Menschen im Westen abzielten. Auch wenn die islamische Geschichte für Nichtmuslime (jedenfalls in Zeiten ohne ein weltweites Kalifat) kaum eine religiöse Bedeutung hat, wird ihre politische Bedeutung allmählich fühlbar – darauf kommen wir im folgenden Kapitel zurück.

Schlussfolgerungen

Im ersten Jahrhundert der islamischen Geschichte mögen nichtarabische Konvertiten zum Islam den arabischen Charakter dieser Religion als etwas fremdartig empfunden haben, aber seit der abbasidischen Zeit wurden Konvertiten nahtlos in die Religion aufgenommen und konnten ihre Erfahrungen, ihre Kultur und ihre Vergangenheit sofort in das ständig wachsende Netz muslimischer Gesellschaften einbringen. Darüber hinaus konnten sie in Verfolgung religiöser und politischer Ziele auf ein fertig vorliegendes, reiches und gut abgegrenztes historisches Reservoir zurückgreifen.

Aus diesen Gründen ist die islamische Geschichte die vielleicht einzige religiöse Tradition, deren Entstehungs- und klassische Phase nicht spezifisch an eine Nationalität oder Ethnie gebunden ist. Zum Judentum gibt es kaum Übertritte (und schon gar nicht so etwas wie eine Übernahme der jüdischen Geschichte). Andererseits gibt es zwar viele Übertritte zum Christentum, aber die Verbindung zwischen der christlichen Tradition und spezifischen historischen Ereignissen ist nur schwach: Selbst Episoden der christlichen Geschichte, die bis in die Moderne Bedeutsamkeit behalten haben – zum Beispiel die Kreuzzüge –, sind für manche Christen (etwa die westeuropäischen) wichtiger als für andere (etwa lateinamerikanische). George W. Bush tat einmal den berühmten Ausspruch: »Ich glaube, wir sind uns einig: Die Vergangenheit ist vorbei«. Das ist nur eine seiner vielen Äußerungen, der die meisten Muslime widersprechen würden.

Schlusskapitel

Ich schulde den Lesern einige Antworten auf eine Frage, die ich ganz zu Anfang stellte: Warum scheinen die muslimischen und die westlichen Gesellschaften auf einen Zusammenstoß zuzulaufen, obwohl sie doch gemeinsame Wurzeln im semitischen Monotheismus des Nahen Ostens haben? In dieser Frage liegen Unterstellungen, gegen die einige Leser Einwände erheben werden. Sie könnten vorbringen, es gebe keine derartige Spannung zwischen den Muslimen und den Menschen des Westens, oder auch, es gebe »die Muslime« und »den Westen« nicht, sondern nur Individuen und einzelne Gesellschaften, die man nicht unter so allgemeinen Kategorien zusammenfassen dürfe. Auch könnte eingewandt werden, dass die Frage selber schon kulturelle Voreingenommenheit – pro- oder anti-westlich, pro- oder anti-muslimisch – oder einfach nur Naivität verrate. (Solche Leser werden den folgenden Ausführungen sicher nicht zustimmen.) Obwohl derartige Einwände durchaus vernünftig sind und obwohl die Vielfalt der muslimischen Gesellschaften ein beherrschendes Thema dieses Buches bildete, sollte man anerkennen, dass zur Beantwortung allgemeiner Fragen gelegentlich der Rückgriff auf (zugegeben unvollkommene) Verallgemeinerungen erforderlich ist. Und überdies gibt es Menschen in herausragenden Positionen sowohl in muslimischen als auch in westlichen Gesellschaften, die glauben, ein Zusammenstoß zwischen »dem Islam« und »dem Westen« habe stattgefunden, finde statt oder werde unvermeidlich stattfinden. Die öffentlichen Aussagen führender Persönlichkeiten beider Seiten und manche Vorfälle vor Ort lassen keinen Zweifel daran, dass die große Frage dieses Buches legitim ist. Aber inwieweit kann die islamische Geschichte zu ihrer Beantwortung beitragen?

Die verschiedenen Kapitel des Buchs geben jeweils eigene Antworten. In den Kapiteln 1 bis 3 wurden vier plausible Antworten gegeben, die sich auf die Geographie, »externe« kulturelle Einflüsse, die Ereignisgeschichte der muslimisch-westlichen Beziehungen und die politischen Umstände der Herausbildung des Islam bezogen. Die geographische Umwelt, in der sich die islamische Geschichte entfaltete, formte die muslimischen Gesellschaften in sehr besonderer Weise. Die Große Trockenzone stellte die Muslime vor harte Lebensbedingungen, die alles – von der Stadtplanung bis hin zum Entstehen und Überleben von Sektiererbewegungen – bestimmten. Dass die muslimischen Länder umkämpfte Grenzen in Afrika, Europa, Zentralasien und Südindien hatten, brachte es mit sich, dass die muslimischen Gesellschaften über den nahöstlichen Monotheismus hinaus mit zahlreichen Zivilisationen und Einflüssen in Kontakt kamen. Unsere Übersicht über die Völker der islamischen Geschichte stellte den entscheidenden Einfluss heraus, den seit dem späten 8. Jahrhundert Türken und Perser auf die muslimischen Gesellschaften ausübten. Zwar mögen »der Islam« und »der Westen« ähnliche Ausgangspunkte haben, aber ihre Wege trennten sich bald, und darauf kommt es an.

Eine weitere, historisch begründete Antwort lautet, dass der »muslimische« Kontakt mit der »westlichen« Kultur, für die aus geographischen Gründen Europa einsteht, von Auseinandersetzungen bestimmt war; die gegenwärtigen Spannungen sind entweder als deren Fortsetzung oder als ein Reflex auf sie zu begreifen. Die frühen Rivalitäten mit Byzanz, die anschließenden Kriege gegen christliche Staaten im Mittelmeerraum, die Kreuzzüge, die Reconquista, die Ausdehnung des Osmanischen Reiches nach Europa und dessen späterer Rückzug daraus und schließlich der Kolonialismus haben natürlich ein Misstrauen zwischen den »Muslimen« und den Menschen aus dem Westen geschaffen. Diese Reihe von Auseinandersetzungen und die daraus resultierenden – jüngeren und entfernteren – Erinnerungen an westliche Feindseligkeit, Unterdrückung und Kolonisierung können moderne Muslime davon abhalten, sich auf die westliche Kultur einzulassen. Diese fehlende Einlassungsbereitschaft hat beträchtliche Konsequenzen: Ein neueres Buch über die hundert »einflussreichsten Muslime der Geschichte« enthält gerade einmal einen Muslim aus dem Westen, und zwar Malcolm X, dessen Leben und Wirken wohl eher keine Erfolgsgeschichte muslimisch-westlicher Zusammenarbeit darstellt. Überdies werden viele im Westen Malcolm X wegen seiner politischen Ansichten kaum als Vorbild empfinden, während ihn andererseits viele Muslime in der islamischen Welt wegen seiner Verbindung zur »Nation of Islam« gar nicht als Muslim betrachten werden. Die fehlende Einlassungsbereitschaft könnte ein Teufelskreis sein, denn je größer die wechselseitige Skepsis auf beiden Seiten ist, desto geringer ist die Wahrscheinlichkeit, dass sich Muslime voll auf die westliche Kultur einlassen. Die Liste muslimischer Helden und Vorbilder wird so weiter von vormodernen, nichtwestlichen Gestalten dominiert, die wiederum nur von Muslimen gefeiert werden; das hingegen nährt bei den Muslimen das Gefühl der Entfremdung gegenüber den nichtmuslimischen Gesellschaften und schreibt es fort. Optimistischer stimmt allerdings, dass Europas andere nichtchristliche Minderheit, die Juden, beweist, dass der Teufelskreis sich durchbrechen ließ. Trotz der langen Verfolgungsgeschichte der Juden im christlichen Europa und trotz der bis vor kurzem extrem ausgeprägten Feindseligkeit ihnen gegenüber brachten Europas Juden Einstein, Freud, Marx und zahlreiche andere Persönlichkeiten hervor, die von jüdischen und nichtjüdischen Europäern gleichermaßen geehrt werden. Bei ausreichender Zeit und unter günstigen Umständen werden daher die westlichen Muslime wahrscheinlich ebenfalls grenzüberschreitende Vorbilder hervorbringen.

Der Verlauf der islamischen Geschichte macht weiterhin auch auf einen fundamentalen Unterschied zwischen der Herausbildung der islamischen Institutionen einerseits und der jüdischen und christlichen andererseits aufmerksam. Obwohl Mohammed und seine Gefährten zwei Jahrzehnte der Entbehrungen und sogar Verfolgungen erlebten, starb der Prophet schließlich als das Haupt seiner Gemeinschaft, als ein Führer, der seine Feinde in Mekka geschlagen und die Stämme Arabiens zum Islam bekehrt hatte. Im Verlauf der folgenden Jahrhunderte breitete sich die islamische Herrschaft aus, während die klassischen Dogmen, Gesetzbücher und Institutionen des Islam in der Regel mit staatlicher Förderung und aus einer Position der politischen Stärke heraus entwickelt wurden. Moses hingegen gelangte nie ins Gelobte Land, und Jesus starb am Kreuz. Ehe Konstantin im 4. Jahrhundert das Christentum zur offiziellen Religion im östlichen Teil des Römischen Reiches machte, waren die Christen jahrhundertelang eine verfolgte Minderheit gewesen (und genau in dieser Zeit wurden die Evangelien geschrieben und lebten die Kirchenväter). Das Judentum wiederum ist das Produkt von Quellen (Mischna und Talmud), die nach der Zerstörung des zweiten Jerusalemer Tempels (70 u. Z.) unter »fremdländischer« Herrschaft verfasst wurden. Das Judentum und das Christentum entstanden (oder, im Fall des Judentums, definierten sich) also in Zeiten der politischen Schwäche ohne herrscherliche Förderung oder Unterstützung. Obwohl die Christen und später auch die Juden politische Muskeln anlegten, nehmen die jüdischen und die christlichen Quellen die praktischen Bedingungen des Lebens unter der Herrschaft anderer als selbstverständliche Gegebenheit an, beruhend auf den Erfahrungen, die in den »klassischen« Epochen beider Religionen gesammelt wurden. Im Gegensatz dazu beziehen sich die wichtigsten Werke des islamischen Rechts, insonderheit jene aus der Ära zwischen 800 und 1100, in der Regel auf Ereignisse aus der Zeit zwischen 600 und 800. Die muslimischen Juristen sehen daher die Möglichkeit des Lebens unter »fremder« Herrschaft (die Situation trat erst in der Mitte des 11. Jahrhunderts ein) gar nicht vor. Es gibt freilich spätere Quellen, die unter der Herrschaft der Mongolen, der Kreuzfahrer oder der Christen in Spanien geschrieben wurden und die veränderten politischen Umstände berücksichtigen. Einige dieser Werke wurden auch populär und einflussreich. (Viele dieser Quellen empfehlen den Muslimen, die unter fremder Herrschaft leben, den Auszug – Hidschra – in muslimische Lande, wo sie den Islam ungehindert praktizieren können.) Der entscheidende Punkt ist, dass die Mehrzahl der juristischen Quellen des Islam, und darunter gerade die frühesten und angesehensten, die Muslime mit dem Selbstvertrauen einer herrschenden religiösen Kultur auffordern, ihren Glauben zu praktizieren. Verhaltensweisen praktizierender Muslime, die viele Menschen im Westen als unnachgiebig und für nachbarschaftliche Beziehungen hinderlich oder als generell fehlende Bereitschaft ansehen, den Glauben an die herrschenden Kulturen in nichtmuslimischen Ländern anzupassen, lassen sich so im Bezug auf den Verlauf der islamischen Geschichte erklären.

Die Kapitel 4 und 5 liefern zwei weitere Antworten, die aus entgegengesetzten Bereichen des historiographischen Spektrums stammen. Die traditionelle muslimische Haltung zur islamischen Geschichte besagt, dass der Islam sich unterscheide, weil entweder die Juden und die Christen den von Gott eingesetzten ursprünglichen Glauben verfälscht hätten oder weil der Islam fertig ausgeformt die arabische Halbinsel verlassen hätte und auf den Offenbarungen beruhe, die ein Prophet empfing, der von den Einflüssen der spätantiken Kultur im Nahen Osten unberührt blieb. Entsprechend unterscheide sich der Islam von der jüdisch-christlichen Kultur durch seinen einzigartigen arabischen Kontext, und jeder Vergleich der zwei (oder drei) religiösen Traditionen müsse als ein fehlgeleitetes orientalistisches Unterfangen zurückgewiesen werden. Eine genau entgegengesetzte Ansicht vertrat Wansborough in *The Sectarian Milieu*: Er behauptete, die arabischen Eroberer des Irak hätten sich im 8. Jahrhundert bewusst von Juden und Christen abgesetzt und eine spezifisch arabische Religion (mit einem neuen Kalender, einem neuen Heiligtum und einer neuen Theologie) geschaffen, um sich klar von den vorhandenen lokalen Religionen abzugrenzen. Anders als die frühen Christen, die sich als die neuen (oder die eigentlichen) Juden verstanden, betrachteten sich die Muslime, nach Wansborough, als die neuen Nichtjuden oder Nichtchristen.

Die Kapitel 6 und 7 brachten Beispiele für den ausgeprägten Gegensatz zwischen der Geschichtsverhaftetheit der islamischen und der vergleichsweisen Geschichtsvergessenheit der westlichen Welt, woraus sich eine weitere Antwort auf unsere Frage ergibt. Man könnte behaupten, dass nicht die Muslime den Weg des nahöstlichen Monotheismus verlassen hätten, sondern das Abendland. Während Renaissance, Reformation und Aufklärung habe der jüdisch-christliche Westen einen klaren Bruch mit der Vergangenheit (oder, genauer, mit seiner wirklichen Vergangenheit zugunsten einer legendären »klassischen«) vollzogen. Wer schon würde eine Epoche wiederbeleben wollen, die als das »dunkle Zeitalter« bekannt sei? Insofern wäre der Islam und nicht der Westen der wahre Erbe der jüdisch-christlichen Zivilisation.

Für viele Betrachter ist genau dies der entscheidende Punkt. Die Antwort auf unsere große Frage ergebe sich dementsprechend nicht aus Dingen, die in der islamischen Geschichte geschahen, sondern genau aus solchen, die ausblieben, nämlich eine Renaissance und eine Reformation, die es Muslimen erlauben würden, sich aus ihrem »rückwärtsgewandten«, »mittelalterlichen« Konservativismus zu lösen. Das ist freilich eine simple Auflösung eines komplexen Problems. Vieles hängt dabei selbstverständlich davon ab, was genau man unter »Renaissance« und »Reformation« versteht. Falls eine Renaissance wörtlich die »Wiedergeburt« einer klassischen Zivilisation bezeichnen soll, dann ließe sich behaupten, dass die Muslime eine solche viele Jahrhunderte vor Europa erlebt hätten, nämlich im Bagdad des 9. Jahrhunderts. Und wenn wir andererseits eine Renaissance einfach als die Wiederbelebung einer vergangenen, als kulturell vorbildhaft empfundenen Epoche definieren wollen, ließe sich behaupten, dass genau dies die Islamisten seit Jahrhunderten anstreben: Die »klassische« Epoche, die sie wiederbeleben wollen, ist die Mohammeds und seiner Gefährten.

Manche Experten behaupten auch, die muslimischen Gesellschaften würden »dem Westen« gegenüber viel aufgeschlossener sein, wenn es eine islamische Version der christlich-protestantischen Reformation (1517–1648) gäbe. Die Reformation habe die Gesellschaft aus den Fesseln der Kirche gelöst und so in der westlichen Christenheit den Weg zur Gewissensfreiheit gebahnt, so dass schließlich »moralische Werte« allen anderen Bindungen übergeordnet worden seien. Eine islamische Reformation würde, so das Argument, die Ideen des Pluralismus, der religiösen Toleranz, der intellektuellen und kulturellen Freiheit in den muslimischen Gesellschaften verankern und damit die islamische Welt auf eine Linie mit der übrigen, »modernen« bringen. Die Antwort ist aus zwei Gründen problematisch. Zunächst einmal wird darin die historische Tatsache geflissentlich übersehen, dass auf die Reformation eine mehr als hundertjährige Ära der Gewalt und der unumkehrbaren Fragmentierung der christlichen Gesellschaft folgte. Niemand könnte vernünftigerweise vorschlagen, dass die Muslime, für die die Einheit der Umma und die Vermeidung interner Kämpfe in der Gemeinschaft (*fitna*) von zentraler Bedeutung sind, sich in inneren Aufruhr stürzen sollten, nur damit sich westliche Nichtmuslime im Umgang mit ihnen behaglicher fühlen. Zweitens ließe sich behaupten, dass die Muslime schon eine Reformation in Form des Wahhabismus erlebt hätten. Sowohl die Wahhabiten wie die Protestanten hätten versucht, den wahren Glauben von Auswüchsen wie der weitverbreiteten Heiligenverehrung (das gilt für beide) oder der Verehrung der Maria (das gilt für die Protestanten) zu reinigen. Genau wie Martin Luther von früheren Denkern wie John Wycliffe oder Jan Hus beeinflusst war, zog auch Muhammad ibn ʻAbd al-Wahhab aus den Schriften Ibn Taymiyyas und Ibn Qayyim al-Dschauziyyas seinen Nutzen.

Die Muslime hätten demnach schon ihre Reformation gehabt, nur einige im Westen hätten eine andere Form mit anderen Resultaten vorgezogen. Insoweit, als der Wahhabismus und andere Formen des Salafismus weiterhin mit traditionellen sunnitischen, sufistischen und schiitischen Interpretationen des Islam konkurrieren, haben wir den Ausgang der islamischen Reformation vielleicht noch vor uns.

Zu Beginn dieses Buches wurde erklärt, dass der »Islam von Belang« sei. Ich hoffe, gezeigt zu haben, dass dies auch für die islamische Geschichte gilt. Wir haben einige der vielen Arten und Weisen betrachtet, auf die die islamische Geschichte die Politik und Religion in der muslimischen Welt beeinflusst, und ihren Beitrag zu unserem Verständnis des Verhältnisses zwischen der islamischen und der modernen, »jüdisch-christlichen« Welt überdacht. Selbstverständlich muss betont werden, dass die islamische Geschichte nicht das einzige ist, was in diesem Zusammenhang von Belang ist – ganz und gar nicht. Analytiker, die sich dem Thema der muslimisch-westlichen Beziehungen (von einer der beiden Seiten aus oder von keiner) nähern, stimmen allgemein darin überein, dass sich die Muslime und die Menschen aus dem Westen, was die Grundfragen und -probleme des Lebens angeht, weitgehend einig sind: Wir alle wollen Frieden, Gesundheit, Wohlstand, Respekt und eine bessere Zukunft, und wir alle fürchten ein Leben ohne sie. Die muslimisch-westlichen Beziehungen werden daher gern geopolitisch, ökonomisch oder nach anderen »Nützlichkeitsfaktoren« gedeutet und bewertet, wobei Spannungen auf ein Ungleichgewicht in der Verfügbarkeit notwendiger Ressourcen zurückgeführt werden.

Dieses Buch wollte zeigen, dass ein oft übersehenes Teil dieses Puzzles die islamische Geschichte ist. Die Nichtmuslime im Westen sind sich dieses Punktes nicht bewusst, weil die Geschichte in ihren eigenen Gesellschaften eine vergleichsweise geringere Rolle spielt. Wie immer der Leser oder die Leserin auch zur westlichen Geschichte steht, ich hoffe, dass sie erkennen, wie wichtig die islamische Geschichte ist – nicht nur für die Muslime, sondern auch für alle, die mit ihnen in Kontakt kommen wollen und bereit sind, den Islam und die Muslime aus deren eigenen Voraussetzungen zu verstehen.

Literaturnachweise und weiterführende Literatur

Einleitung

X. de Planhol, *Le monde islamique: essai de géographie réligieuse*, Paris 1957. – Dt.: *Kulturgeographische Grundlagen der islamischen Geschichte*, übers. von H. Hahn, Zürich/München 1975.

Kapitel 1

Allgemeine Werke:

J.L. Esposito (Hrsg.), *The Oxford History of Islam*, Oxford 1999.

F. Robinson (Hrsg.), *The Cambridge Illustrated History of the Islamic World*, Cambridge 1996. – Dt.: *Bildatlas der Weltkulturen. Der Islam*, übers. von D. Ahrens-Thiele, Augsburg 1998.

W.C. Brice / H. Kennedy, *An Historical Atlas of Islam*, Leiden 2001.

Einführungen:

J. Berkey, *The Formation of Islam: Religion and Society in the Near East, 600–1800*, Cambridge 2003.

A. Hourani, *A History of the Arab Peoples*, London 1991. – Dt.: *Die Geschichte der arabischen Völker*, übers. von M. Ohl und H. Sartorius, auf die Stimmigkeit der Begriffe aus der Arabistik durchges. von S. Enderwitz, Frankfurt a.M. 1992.

B. Lewis, *The Arabs in History*, London 1950 [u.ö.]. – Dt.: *Die Araber. Aufstieg und Niedergang eines Weltreichs*, übers. von W. Bayer, Wien [u.a.] 1995.

Detaillierte Untersuchungen:

M.G.S. Hodgson, *The Venture of Islam: Conscience and History in a World Civilization*, Chicago 1974.

I.M. Lapidus, *A History of Islamic Societies*, Cambridge 1988.

Die Rolle des Kamels für die islamische Zivilisation:

R. Bulliet, *The Camel and the Wheel*, Cambridge (Mass.) 1975.

Die Einführung des Papiers in der Abbasidenzeit:

J. Bloom, *From Paper to Print*, New Haven (Conn.) 2001.

Die Revolutionierung des Buchdrucks in den muslimischen Ländern:

R. Bulliet, *The Case for Islamo-Christian Civilization*, New York 2004, Kap. 2.

Kommunikationswesen in der islamischen Geschichte:

A. J. Silverstein, *Postal Systems in the Pre-Modern Islamic World*, Cambridge 2007.

Kapitel 2

Araber:

R. Hoyland, *Arabia and the Arabs: From the Bronze Age to the Coming of Islam*, London 2001.
Lewis, *Arabs in History* [siehe die Titelnennung unter Kapitel 1].
Hourani, *Arab Peoples* [siehe die Titelnennung unter Kapitel 1].

Perser:

R. N. Frye, *The Golden Age of Persia: The Arabs in the East*, London 1993.
D. O. Morgan, *Medieval Persia: 1040–1797*, London 1988.
R. G. Hovannisian / G. Sabbagh (Hrsg.), *The Persian Presence in the Islamic World*, Cambridge 1998.

Türken:

C. V. Findley, *The Turks in World History*, Oxford 2004.
S. Soucek, *A History of Inner Asia*, Cambridge 2000.

Kapitel 3

Kenneth Clark zur griechisch-römischen Architektur:

K. Clark, *Civilisation: A Personal View*, BBC 1969, Folge 1: »By the Skin of Their Teeth«.

Die Moschee:

R. Hillenbrand, *Islamic Architecture: Form, Function, and Meaning*, Edinburgh 2000.
– *Islamic Art and Architecture*, London 1999. – Dt.: *Kunst und Architektur des Islam*, übers. von C. Rochow, Tübingen/Berlin 2005.
M. Frishman / H.-U. Khan, *The Mosque: History, Architectural Development, and Regional Diversity*, London 1994. – Dt.: *Die Moscheen der Welt*, übers. von K. Binder und J. Gaines, Frankfurt a. M. 1995.

Dschihad:

M. D. Bonner, *Jihad in Islamic History: Doctrines and Practice*, Oxford 2006.
J. Kelsay, *Arguing the Just War in Islam*, Cambridge (Mass.) 2007.
J. Esposito, *Unholy War: Terror in the Name of Islam*, Oxford 2002.

Kalifat/Imamat:

P. Crone, *Medieval Islamic Political Thought*, Edinburgh 2004.
W. Madelung, *The Succession to Muhammad: A Study of the Early Caliphate*, Cambridge 1997.

Kapitel 4

Jean Chardin:

Jean Chardin, *A Journey to Persia: Jean Chardin's Portrait of a Seventeenth-Century Empire*, hrsg. und übers. von R.W. Ferrier, London 1996.

Allgemeines:

R.S. Humphreys, *Islamic History: A Framework for Enquiry*, London 1991.
C.F. Robinson, *Islamic Historiography*, Cambridge 2003.
F.M. Donner, *Narratives of Islamic Origins: The Beginning of Islamic Historical Writing*, Princeton 1998.

Die Kairoer Geniza:

S.D. Goitein, *A Mediterranean Society: The Jewish Communities of the Arab World as Portrayed in the Documents of the Cairo Geniza*, Bd. 1: *Economic Foundations*, Berkeley 1967.
A. Ghosh, *In an Antique Land*, New York 1994. – Dt.: *In einem alten Land. Eine Reise in die Vergangenheit des Orients*, übers. von M. Müller, Reinbek b. Hamburg 1995.

Quellenkritische Untersuchungen:

P. Crone / M. Cook, *Hagarism: The Making of the Islamic World*, Cambridge 1977.
A. Noth / L.I. Conrad: *Quellenkritische Studien zu Themen, Formen und Tendenzen frühislamischer Geschichtsüberlieferung*, Bonn 1973.
J. Wansborough, *The Sectarian Milieu: Content and Composition of Islamic Salvation History*, Oxford 1978.
– *Quranic Studies: Sources and Methods of Scriptural Interpretation*, Oxford 1977.

Kapitel 5

Zitat von Sati' al-Husri:

A.G. Cheyne, »The Use of History by Modern Arab Writers«, in: *Middle East Journal* 14 (1960).

Orientalismus:

E. Said, *Orientalism*, London 1978. – Dt.: *Orientalismus*, übers. von L. Veissberg, Frankfurt a. M. 1981.

R. G. Irwin, *For Lust of Knowing: The Orientalists and their Enemies*, London 2006.

Hodgson:

M. G. S. Hodgson, *The Venture of Islam* [siehe die Titelnennung unter Kapitel 1].

M. G. S. Hodgson, *Rethinking World History: Essays on Europe, Islam, and World History*, hrsg. von E. Burke III., Cambridge 1993.

A. Hourani, *Islam in European Thought*, Cambridge 1992, Kap. 3. – Dt.: *Der Islam im europäischen Denken. Essays*, übers. von G. Ghiradelli, Frankfurt a. M. 1994.

Ibn Khaldun:

Ibn Khaldun, *The Muqaddimah: An Introduction to History*, übers. von F. Rosenthal, Princeton 1958. – Deutsche Ausgaben: *Buch der Beispiele. Die Einführung al-Muqaddima*, aus dem Arab. übers. und ausgew. von M. Pätzold, Leipzig 1997. – *Die Muqaddima. Betrachtungen zur Weltgeschichte*, aus dem Arab. übers. von A. Giese, München 2011.

Toynbee über Ibn Khaldun:

A. J. Toynbee, *A Study to History*, London 1935, Bd. 3, S. 322. – Dt.: *Der Gang der Weltgeschichte*, übers. von J. v. Kempski, Zürich 1949.

at-Tabari:

F. Rosenthal, *The History of al-Tabari: General Introduction and from the Creation to the Flood*, New York 1989.

Kapitel 6

Zum historischen Bildungsstand junger US-Amerikaner:

A. Ferguson, *Land of Lincoln: Adventures in Abe's America*, New York 2007, Vorwort.

Die traditionelle Haltung zur Sunna und der Gebrauch der islamischen Geschichte bei (islamistischen und modernistischen) Salafis:

A. Asfaruddin, *The First Muslims: History and Memory*, Oxford 2007.

Islam Channel:

www.islamchannel.tv

Wahhabismus:

M. Al-Rasheed, *A History of Saudi-Arabia*, Cambridge 2002.

N. J. Delong-Bas, *From Revival and Reform to Global Jihad*, Oxford 2004.

Die religiöse Entwicklung im schiitischen Iran:

R. P. Mottahedeh, *The Mantle of the Prophet: Religion and Politics in Iran*, New York 1986. – Dt.: *Der Mantel der Propheten oder Das Leben eines persischen Mullah zwischen Religion und Politik*, übers. von K. Krieger, München 1987.

Khomeini und die Herrschaft der Mudschtahid-Juristen:

H. Algar (Hrsg. und Übers.), *Islam and Revolution: Writings and Declarations of Imam Khomeini*, Berkeley 1981.

Martyrium und schiitischer Islam:

D. Cook, *Martyrdom in Islam*, Cambridge 2007.

Fatwa von al-Qaradawi:

www.islamonline.net (Februar 2009).

Kapitel 7

Qais/Yaman:

J. Hathaway, *A Tale of Two Factions*, New York 2003.

Geschichte und arabischer Nationalismus:

A. G. Cheyne, »The Use of History« [siehe die Titelnennung unter Kapitel 5].

Geschichte und türkischer Nationalismus:

C. Hillenbrand, *Turkish Myth and Muslim Symbol: The Battle of Manzikert*, Edinburgh 2007.

Charidschiten im modernen politischen Diskurs Ägyptens:

J. T. Kenney, *Muslim Rebels: Kharijites and the Politics of Extremism in Egypt*, Oxford 2006.

Islamische Geschichte in der modernen politischen Sprache:

B. Lewis, *The Political Language of Islam*, Chicago 1991. – Dt.: *Die politische Sprache des Islam*, übers. von S. Enderwitz, Berlin 1991.

Das »Goldene Zeitalter« in al-Andalus:

M. Cohen, *Under Crescent and Cross: The Jews in the Middle Ages*, Princeton 1994, Kapitel 1. – Dt.: *Unter Kreuz und Halbmond. Die Juden im Mittelalter*, übers. von Ch. Wiese, München 2005.

Schlusskapitel

M. M. Khan, *The Muslim 100: The Lives, Thoughts, and Achievements of the Most Influential Muslims in History*, Leicester 2008.

Eine alternative, weithin als von antimuslimischen Vorurteilen belastet wahrgenommene und kritisierte Antwort auf die große Frage des vorliegenden Buchs bietet:

B. Lewis, *What Went Wrong: Western Impact and Middle Eastern Response*, Oxford 2001. – Dt.: *Der Untergang des Morgenlandes. Warum die islamische Welt ihre Vormacht verlor*, übers. von F. Schröder und M. Kluxen-Schröder, Bergisch Gladbach 2002.

Dank

Das Buch spiegelt weitgehend Vorlesungen zur islamischen Geschichten wider, die ich an den Universitäten von Cambridge und Oxford hielt. Obschon es zweifellos ein Privileg ist, an solch renommierten Universitäten zu lehren, bedeutet das für einen jungen Dozenten, der neue Ideen ausprobieren will, auch eine harte Prüfung. Meine Hörer, die in aller Regel klüger und besser vorbereitet waren als ich, ließen mir keine unklaren oder nicht zu Ende gedachten Überlegungen durchgehen. Für ihre Anregungen in all den Jahren bin ich ihnen allen sehr zu Dank verpflichtet, insbesondere aber Imogen Ware, die das Register des Buchs erstellte.

Danken möchte ich auch meinen Kolleginnen und Kollegen Anna Akasoy, Patricia Crone, David Powers und Chase Robinson, die freundlicherweise frühe Entwürfe dieses Buches lasen und mich vor zahlreichen sachlichen Irrtümern und falschen Bewertungen bewahrten.

Weiterer Dank gilt Luciana O'Flaherty und Andrea Keegan, die das Buch in Auftrag gaben, Emma Marchant, Kerstin Demata und Keira Dickinson, die es zur Publikation vorbereiteten, sowie Erica Martin, die bei den Abbildungen half.

Zum Schluss noch das Persönliche: Meine Eltern und meine Frau Sophie lasen den Entwurf des Buchs und gaben mir viele hilfreiche Ratschläge. Aber sie geben mir ohnehin so ziemlich alles, worauf es im Leben ankommt, so dass ich gar nicht weiß, wie ich ihnen für alles danken sollte. Und wenn ich wieder einmal geistesabwesend wirke, so mögen sie wissen, dass ich nur darüber nachsinne, wie ich mich jemals revanchieren kann (jedenfalls, soweit mich nicht meine Arbeit in Anspruch nimmt).

Abbildungsverzeichnis

Register